Brincando com Música na Sala de Aula

jogos de criação musical
usando a voz, o corpo
e o movimento

SÉRIE EDUCAÇÃO MUSICAL

Bernadete Zagonel

Brincando com Música na Sala de Aula

jogos de criação musical
usando a voz, o corpo
e o movimento

Rua Clara Vendramin, 58 . Mossunguê
CEP 81200-170 . Curitiba . PR . Brasil
Fone: (41) 2106-4170
www.intersaberes.com
editora@editoraintersaberes.com.br

Conselho editorial
Dr. Ivo José Both (presidente)
Drª Elena Godoy
Dr. Nelson Luís Dias
Dr. Neri dos Santos
Dr. Ulf Gregor Baranow

Editora-chefe
Lindsay Azambuja

Supervisora editorial
Ariadne Nunes Wenger

Analista editorial
Ariel Martins

Preparação de originais
Eliane Felisbino

Revisão
Dayene Correira Castilho

Capa
Raphael Bernadelli (fotografia)
André Figueiredo Müller (ilustrações)
Roberto Querido (design e coloração)

Projeto gráfico e diagramação
Caroline Novak Laprea

Iconografia
Danielle Scholtz

Ilustrações
André Figueiredo Müller

Dados Internacionais de Catalogação na Publicação (CIP)
(Câmara Brasileira do Livro, SP, Brasil)

Zagonel, Bernadete
   Brincando com música na sala de aula: jogos de criação musical usando a voz, o corpo e o movimento/Bernadete Zagonel. Curitiba: InterSaberes, 2012. (Série Educação Musical)

   Bibliografia.
   ISBN 978-85-65704-59-5

1. Música – Estudo e ensino I. Título. II Série.

12-06344   CDD-780.7

Índices para catálogo sistemático:
1. Educação musical 780.7
2. Música: Estudo e ensino 780.7

1ª edição, 2012.

Foi feito o depósito legal.

Informamos que é de inteira responsabilidade da autora a emissão de conceitos.

Nenhuma parte desta publicação poderá ser reproduzida por qualquer meio ou forma sem a prévia autorização da Editora InterSaberes.

A violação dos direitos autorais é crime estabelecido na Lei n. 9.610/1998 e punido pelo art. 184 do Código Penal.

Sumário

Apresentação, 7

Introdução, 9

1 O gesto, a voz, a criação, a música, 15
1.1 O gesto e a escrita, 20

2 Jogos musicais: gesto e voz, 25
Jogo 1: Bola sonora, 28

Jogo 2: Dominó, 30

Jogo 3: O som que vem do gesto, 32

Jogo 4: Acumulativo, 34

Jogo 5: Refazendo músicas, 36

Jogo 6: A música da dança, 38

3 Jogos musicais: sopa de letrinhas, 41
Jogo 7: Caretas, 44

Jogo 8: Música das palavras desfeitas, 46

Jogo 9: Linhas, pontos e letras, 48

Jogo 10: Música das letras, 50

4 Jogos musicais: linhas sonoras no espaço, 53
Jogo 11: Fio sonoro, 58

Jogo 12: Desenhando o espaço, 60

Jogo 13: Música do passeio, 62

5 Jogos musicais: aprendendo música com o corpo em movimento, 65

Jogo 14: Boneco desengonçado, 68

Jogo 15: Respiração em cadeia, 70

Jogo 16: Sobe e desce, 76

Jogo 17: Vai e vem, 78

Jogo 18: Ímã, 80

Jogo 19: Som atrás, 82

Jogo 20: Marionetes, 84

Jogo 21: Ventos coloridos, 86

Jogo 22: Nuvem sonora, 88

6 Jogos musicais: materiais, texturas e formas em partituras, 93

Jogo 23: O som do gesto, 96

Jogo 24: Música dos papéis, 98

Jogo 25: Caixinhas de sons, 100

Jogo 26: Composição com texturas, 102

Jogo 27: Contrates, 104

Jogo 28: História em quadrinhos em música, 106

Jogo 29: Uma outra mesma música, 110

7 Jogos musicais: músicas que vêm de fora, 115

Jogo 30: Mensagens de tambor, 118

Jogo 31: A floresta encantada, 120

Jogo 32: Refazendo os sons da cidade, 122

Jogo 33: Música que vem da natureza, 124

Comentário final, 127

Discografia sugerida, 131

Referências, 133

Nota sobre a autora, 137

Apresentação

Este livro é dedicado especialmente aos professores que desejam trabalhar a música na escola de forma criativa, simples e alegre. O conteúdo apresentado enfoca tanto o aspecto metodológico do ensino de música como alguns temas a serem abordados, combinando três aspectos: o jogo, visto como ação para fazer música e como meio de expressão; o desenvolvimento do hábito de pesquisa na conscientização e exploração do som para o enriquecimento de cada etapa de trabalho; o uso do gesto como elemento integrante do movimento sonoro e musical. Além disso, propõe aos alunos a audição de obras musicais. Para facilitar a atuação do professor, foram selecionadas algumas músicas do repertório contemporâneo que são aqui descritas e que servem como complemento do processo de aprendizagem da música. Essas peças possuem elementos da estética e da teoria musical que estão diretamente relacionados com os jogos, servindo então como ilustração e justificativa da prática. Dessa forma, é possível obter uma maior compreensão das músicas em questão, pois o trabalho com os jogos se constitui uma preparação à audição das obras, do mesmo modo que a audição das peças complementa a atividade prática.

O que se propõe, na verdade, é uma mudança de postura ante o ensino, no qual algumas atitudes são enfatizadas e priorizadas em relação a outras. Entendemos que:

- **despertar** no indivíduo habilidades e o gosto pela música é mais importante do que ensinar uma técnica;
- **sensibilizar** para a música precede o ensino de conceitos;
- a busca do **crescimento pessoal** vale mais que o simples ensino da matéria;
- o **fazer musical** traz melhores resultados que o conhecimento teórico de conceitos;
- a **criação** sobrepuja a imitação;
- a **audição** é privilegiada em relação à escrita;
- os **desejos** do aluno podem ser respeitados tanto quanto a vontade do professor;
- a **pesquisa e a descoberta** de materiais sonoros é uma maneira mais rica de se entrar na música do que o trabalho somente com as notas e instrumentos;
- o **gesto expressivo** pode mais facilmente chegar ao musical do que o movimento corporal usado somente para fixar noções.

Pensamos igualmente na importância da ampliação dos conteúdos musicais e na inclusão de elementos da música contemporânea neste ensino especializado, sempre dentro da perspectiva da criação musical.

Introdução

Há muitos anos venho trabalhando com o ensino e a prática da música, seja com crianças e adolescentes, seja na formação de professores.

Os jogos vêm sendo por mim desenvolvidos e aplicados há mais de quinze anos, pois eles nasceram de minhas pesquisas para a tese de doutorado[1] que defendi em 1994. São frutos, portanto, de larga experimentação.

Durante minhas pesquisas na França, tive a oportunidade de conhecer e conviver com vários músicos e professores cujo trabalho pedagógico está baseado na estética da música do século XX, e que fazem uso, essencialmente, do movimento corporal na prática musical e priorizam a criação da música no processo de aprendizado.

Meus estudos sobre as correntes pedagógicas que propõem inovações no ensino da música tiveram grande enfoque nas que trabalham com o gesto musical, porém não somente nelas. Entre os autores que mais me influenciaram estão: Cristina Agosti-Gherban e Christina Rapp-Hess, duas professoras que propõem uma pedagogia global, unindo os padrões das músicas de tempos anteriores aos das músicas contemporâneas; François Delalande, cujas pesquisas o levaram à ideia de que é

1. ZAGONEL, Bernadete. **La formation musicale des enfants et la musique contemporaine.** 449 f. Thèse (Doctorat de Musicologie) – Université de Paris IV, Sorbonne, Paris, 1994.

necessário o desenvolvimento de condutas no indivíduo, enfocando sempre como conteúdo musical os elementos da música contemporânea; Angélique Fulin, focada principalmente no ensino na escola regular, tem o propósito da prática constante da criação musical dentro dos princípios da música do século XX; Claire Renard, que faz um estudo sobre o gesto musical na prática pedagógico-musical, desenvolvendo uma série de dispositivos de jogos com a finalidade da criação musical; Guy Reibel, cujo trabalho com um coro de adultos lhe deu as bases para organizar um substancial conjunto de exercícios vocais e gestuais para treinamento na prática coral, podendo ser utilizados como complemento do ensino musical de modo geral; Murray Schafer, que propõe a exploração do som de todas as maneiras, partindo da ideia da paisagem sonora e estimulando a reflexão e a criação musical durante o processo de aprendizagem (Zagonel, 1998).

Nesses anos em que venho desenvolvendo um trabalho voltado à formação do professor de música, tenho observado que, nos cursos de graduação, de extensão e mesmo de pós-graduação, há uma grande inquietação por parte dos professores e participantes em encontrar novas formas de ensinar, e que estas consigam abranger também os conteúdos da música contemporânea. No entanto, a maioria não sabe nem por onde começar, pois sua formação se restringe ao conhecimento da música tonal[2]. Com frequência, durante congressos nacionais ou cursos que costumo ministrar em diversas cidades do país, professores me procuram em busca de material bibliográfico ou de sugestões práticas possíveis de serem trabalhadas em sala de aula. Muitos expressam a vontade de desenvolver um ensino mais aproximado da estética da música contemporânea, mas a falta de vivência os impede de encontrar os meios pedagógicos adequados. O resultado é que, infelizmente, sem material nas mãos sobre o qual se basear, esses professores acabam, na maioria dos casos, abandonando seus projetos, e continuam a ensinar dentro dos padrões tradicionais.

2. Música tonal: baseada na tonalidade, um sistema de relações entre as notas cuja sequência forma uma escala maior ou menor, usada desde o século XVII até os dias atuais.

Em virtude disto é que surgiu o interesse em fazer esta publicação: pela constatação da quase inexistência no Brasil de trabalhos pedagógicos voltados à estética da música contemporânea e de propostas que estimulem a criação musical, bem como de um ensino mais abrangente, atual e criativo.

Aqui são descritos e comentados alguns **jogos baseados, principalmente, na voz, no gesto corporal, no movimento e na criação**.

Os jogos não formam uma sequência evolutiva a ser seguida com rigidez, muito embora tenha-se pretendido organizar cada capítulo numa ordem crescente de dificuldades. As sessões também não se sucedem de maneira evolutiva, e sim, são apenas sugestões de maneiras diferentes de trabalhar com a criação musical.

Qualquer jogo pode ser desenvolvido de maneira independente, sendo que o mais importante reside no modo de sua aplicação. É preciso ter um ambiente de descontração e abertura, evitando o tolhimento dos participantes e caminhando para a desinibição e a expressão espontânea.

Os jogos aqui apresentados quase não necessitam de materiais para sua prática além das próprias pessoas envolvidas, sendo utilizado em alguns momentos recursos simples como papel e lápis, o que vai totalmente ao encontro da realidade em que vivemos. Além disso, este é um trabalho voltado inteiramente para o desenvolvimento do potencial criativo do ser humano.

Os **professores de música** podem utilizar estes jogos para iniciar seus participantes na **música contemporânea**, ou para servir como um estímulo à criação musical sem preconceitos, partindo da expressão espontânea do indivíduo.

Já os **professores de pré-escola** encontram nestes jogos um meio eficaz de preparo das habilidades requeridas para a **alfabetização**, uma vez que se usa o gesto corporal, a voz e os grafismos, buscando-se a relação natural existente entre eles.

Quanto aos **orientadores de recreação** em grupo, estes podem usar os jogos em suas atividades devido ao aspecto lúdico e divertido deles, que também ajudam a desenvolver habilidades e comportamentos necessários à **convivência social**.

Os **musicoterapeutas** podem focar seu trabalho na expressão espontânea dos indivíduos provocada pela prática dos exercícios, ou nas diferentes formas de comunicação que estes jogos musicais proporcionam. O fato de usar constantemente o corpo como forma de expressão pode auxiliar as abordagens terapêuticas não somente com crianças, mas também com adultos que possuam diferentes tipos de dificuldades físicas, intelectuais ou mentais.

Assim, este livro é voltado para aqueles que desejam entrar no **mundo dos sons e da música** de maneira **criativa**, usando **a voz, o corpo e o movimento** como meios de **expressão**. Como dito, ele pode servir tanto aos professores de música, quanto aos professores de arte-educação, da pré-escola, aos alfabetizadores, e ainda é apropriado para atividades recreativas em grupo. Pelo fato de focar as atividades na expressão corporal e vocal, algumas experiências foram igualmente realizadas com intuito terapêutico, dentro de técnicas da musicoterapia, obtendo-se resultados bastante satisfatórios.

Todos os exercícios aqui apresentados foram longamente vivenciados tanto com crianças quanto com adultos, estes, em geral, professores de música, mas igualmente com os docentes de arte-educação e mesmo os de outras áreas cujo conhecimento de música é restrito. Sua prática se mostrou possível e eficaz para todos, ressaltando-se a necessidade de dar ênfase diferente em determinados pontos, conforme a faixa etária e a área de interesse e de conhecimento dos participantes.

Neste livro também são apresentadas sugestões de **músicas para ouvir** que fazem parte de obras do repertório contemporâneo, cuja função é a de complementar o trabalho de criação. Ao mesmo tempo em que estas peças ilustram a prática feita pelos participantes, no sentido de lhes mostrar um exemplo, em música, dos elementos desenvolvidos, elas auxiliam na familiarização com essa linguagem e na ampliação dos seus conhecimentos. No entanto, caso não seja possível ter acesso a elas, não se preocupe, pois a impossibilidade de ouvir as músicas sugeridas não interfere na qualidade da realização dos jogos. Assim, algumas sugestões de obras serão dadas no decorrer da exposição dos exercícios, levando sempre em consideração o tipo de abordagem feita no momento e aproximando ao máximo as duas atividades.

Da mesma forma, desde os primeiros jogos, sugerimos trabalhar com a criação de diferentes modos de escrita, levando os participantes à organização de partituras.

1
O Gesto
A Voz
A Criação
A Música

$\mathcal{O}$ gesto corporal pode ser um elemento importante para a emissão do som. A partir dele é que se chega a fazer música, sempre considerando a capacidade criativa e a espontaneidade da pessoa, incitando à invenção sonora e gráfica por meio da expressão de seus gestos.

A criação musical deve ser o ponto central do processo de ensino-aprendizagem ou de prática musical. Mais do que o aprendizado ou a execução perfeita de exercícios e músicas, o importante é propiciar, por meio da musicalização, modificações internas que levem ao **crescimento do indivíduo**.

Essa forma de abordar a prática da música pode servir para a formação do professor, mas, antes de tudo, ele tem de acreditar na metodologia com a qual pretende trabalhar e impregnar-se de suas ideias, para, assim, ter condições de atuar adequadamente. De nada adianta um grande conhecimento teórico sobre métodos se o professor não se identifica com sua filosofia, não se propõe a se transformar, a crescer e, especialmente, a respeitar e a amar seus alunos e a **viver a música dentro de si**. O professor tem que se dedicar com prazer às suas atividades, procurando manter boas relações com os participantes e com a disciplina que ensina. Com entusiasmo, seguramente, envolverá a todos e despertará o interesse deles pela música, não tornando as aulas cansativas e desinteressantes. Evidentemente, procura-se a junção da habilidade de comunicação com o conhecimento teórico, o que pode levar à formação de um profissional mais completo. A **postura do professor** influi diretamente nos resultados do trabalho.

A **voz** é o instrumento musical nato do ser humano, mas nem sempre os professores de música a utilizam em todo seu potencial. Ainda, hoje em dia, é comum ouvirmos professores de música reclamando que não podem dar boas aulas por não terem um piano à sua disposição. Essa concepção – do piano como base para aulas de música – não tem razão de ser. Primeiramente, se considerarmos as ideias propagadas desde os métodos ativos, é possível desenvolver um ensino de música global, em grupo, considerando o indivíduo e a música em seu todo, usando o próprio corpo como instrumento musical pelo andar, bater ritmos com mãos, pernas e pés, cantar ou imitar vocalmente o que quer que seja, ou ainda, usar objetos do cotidiano para fazer sons etc. Além do mais, a realidade atual de nossas escolas pouco permite o uso do piano ou de outros instrumentos de difícil aquisição. É necessário, portanto, ver na voz um instrumento eficaz e cheio de possibilidades e recursos para a criação sonora.

Na prática de criação não há certo ou errado, mas a observação analítica do próprio trabalho e dos colegas para uma crítica em direção ao crescimento.

Em muitas formas de ensino de música, a criação é uma etapa que só tem lugar quando acontece no final do processo, ou seja, quando o aluno segue o caminho da composição. Porém, nas concepções atuais de educação musical, a liberdade de criação é um procedimento a ser desenvolvido em todos os estágios, da iniciação ao aprimoramento.

Criar música é inventar música, pura e simplesmente. Ao falar em *criação musical*, estamos nos referindo a todo e qualquer procedimento em que se inventam músicas, seja por meio da improvisação, espontânea e livre, feita na hora, seja a partir da organização prévia das ideias musicais.

O termo *composição* normalmente sugere a utilização de um sistema composicional determinado e prevê uma elaboração e organização das ideias musicais antes que a música propriamente dita aconteça. A composição precede a interpretação musical.

Já a *improvisação* acontece quando criamos ou modificamos uma música enquanto ela está acontecendo, ou seja, de modo espontâneo, durante a interpretação musical.

Alguns dos jogos aqui apresentados trabalham com a criação simples, sem bloqueios, sem regras rígidas, e, muitas vezes, de forma improvisada. Outros propõem uma construção elaborada e refletida de peças musicais, que serão posteriormente interpretadas a partir da leitura da sua partitura. A intenção, em todos os casos, é estimular alunos e professores a **fazer música sempre**.

Participantes diferentes, resultados variados

Os participantes, com suas características pessoais, modificam os jogos, dando ênfase a determinados aspectos conforme suas habilidades e formação. Aqueles cuja formação básica é no domínio da dança ou do teatro, por exemplo, privilegiam o aspecto gestual. Para eles, essa expressão se revelará provavelmente mais forte que a música, muito embora sempre seja possível integrar as duas.

Aqueles em que o conhecimento de artes é superficial, ou seja, que não têm familiarização com as linguagens artísticas, tendem a demonstrar uma expressividade mais fraca nas composições mais elaboradas, preocupando-se pouco com as nuanças de intensidade, construção da forma ou justaposição de sons.

Por outro lado, os grupos **familiarizados com a música**, mesmo se desconhecerem os códigos musicais contemporâneos, têm chances de desenvolver trabalhos mais equilibrados, buscando estruturar a forma, preocupando-se com timbres, texturas, nuanças de intensidade, duração etc.

Essas possíveis variações de resultado observadas durante a prática desses exercícios não devem interferir negativamente no uso da metodologia. Ao contrário, professores e participantes podem aproveitar estas circunstâncias para **comparar** e **analisar** os resultados, com vistas sempre ao maior aproveitamento e crescimento de todos.

Enquanto que, com as **crianças**, permanece-se no estágio da sensibilização e da criação, com os **adultos** recomenda-se uma complementação de informações com embasamento teórico que também os prepare para o trabalho com outros alunos. Sugerimos aprofundar os estudos sobre a música contemporânea, os elementos que a compõem e os aspectos de mudança provocados por ela, levando-os não só a uma familiarização, mas, sobretudo, a uma reflexão sobre o assunto. Assim, propomos que, sempre que possível, e se for do interesse dos estudantes e dos professores envolvidos, seja feito um estudo mais detalhado das obras de repertório ouvidas, em busca de uma apreciação analítica. Da mesma forma, é essencial que sejam abordadas as questões metodológicas, com discussões sobre as diversas propostas pedagógicas, visando uma **educação musical atualizada** e adequada para os dias de hoje.

1.1 O gesto e a escrita

A liberdade de expressão gestual que se espera alcançar vale igualmente para a criação de grafismos. Em cada etapa ou em cada jogo é possível trabalhar também a notação, inventada pelos participantes, a partir da percepção atenta dos diferentes tipos de sons emitidos. A passagem do gesto para a grafia pode se dar de modo bastante natural, simples e fácil, tendo em vista que o próprio gesto desenha linhas no espaço.

É claro que há características e sinais já convencionais e aceitos por todos que fazem parte do "alfabeto" usado pelos compositores contemporâneos (como a representação de altura no sentido vertical ou a da duração no horizontal).

No entanto, é preciso estar atento às propostas que emergirem dos participantes. O fundamental não é que a representação gráfica seja correta, exata ou bonita. O que vale é a **expressão do participante**, o desenvolvimento da percepção e o aprimoramento da acuidade auditiva. De qualquer forma, é importante desenvolver, desde o início, o **hábito da escrita musical**, seja dentro dos códigos tradicionais, com notas na pauta, seja inventando novas grafias que permitam a reprodução dos sons e a interpretação da música sempre que desejado.

1.1.1 A escrita musical e os grafismos

A história mostra que o ser humano sempre sentiu necessidade de documentar e, de alguma forma, eternizar suas criações artísticas para que elas pudessem ser reproduzidas e apreciadas por muitos em qualquer tempo. Assim, ao longo dos anos, foi-se desenvolvendo uma maneira apropriada de se escrever música. "A grafia musical, no Ocidente, estabeleceu-se como um sistema de notação claro e preciso durante a Idade Média." (Zagonel, 1992a, p. 145). Os primeiros sinais escritos buscavam orientar o intérprete quanto ao movimento sonoro e à duração das notas, mas de maneira ainda muito relativa. Aos poucos, foram sendo encontrados sinais que pudessem dar uma noção cada vez mais detalhada e precisa da escrita das notas, até se chegar à definição da pauta de cinco linhas sobre a qual são colocadas as notas de alturas e ritmos diferentes, sistema usado até hoje.

No entanto, com a inclusão do ruído na música, em meados do século XX, e a possibilidade de fazê-la com qualquer tipo de som, a escrita tradicional começou a se mostrar insuficiente. Assim, os compositores passaram a sentir a necessidade de ampliar as formas de escrita, pois se há mais sons disponíveis com os quais se pode fazer música, é preciso aumentar igualmente o número de sinais para escrevê-los.

Em virtude da grande diversidade de sons utilizados na música atualmente, o compositor se vê obrigado a inventar signos gráficos para representá-los. **Toda liberdade é permitida** para expressar uma ideia musical, sendo que suas características e aperfeiçoamentos dependem das necessidades expressivas do compositor e também dos materiais que ele dispõe para concretizar sua escrita, assim como das técnicas de imprensa que irão difundir a obra (Pergamo, 1973, p. 9).

Até meados deste século, a escrita se desenvolveu de maneira a se tornar independente do som, mas hoje, em muitos casos, ela como que "desenha" o som no espaço, ou seja, no papel, dentro de uma medida temporal definida, em geral, pelos centímetros. Stockhausen (1973) expressa muito bem a diferença entre esses dois tipos de notação, apontando que a escrita tradicional não tem um senso gráfico em si, de modo que o músico a compreende imediatamente como **simbolismo espacial de um desenvolvimento temporal**. Já a característica temporal de uma partitura não é compreendida pelo diletante que não sabe ler notas. Porém, quando o desenvolvimento temporal da música entra na imagem, **as relações temporais se transformam em relações espaciais**.

Assim, tem-se uma escrita que não está afastada do som que ela representa, e sim, que reproduz ou concretiza, pelo desenho, a experiência sonora. Essa notação, frequentemente chamada de *grafismo*, pode ser a imagem de um gesto musical desenhado no papel ou a fixação de um movimento sonoro pelo meio gráfico visual.

Segundo Stoïanowa (1973), o grafismo exterioriza o movimento do pensamento em figura-gesto perceptível pelo olho; é como uma escrita gestual.

Uma vez transportado para o papel, um gesto feito no ar se transforma em grafismo.

Esse tipo de notação gráfica desenvolvido pelos músicos atuais, no qual a **imagem do som** está intimamente ligada a este som produzido e no qual os códigos são fixados "no tempo", tendo os centímetros como representação temporal, abre portas para um rico trabalho de pesquisa, de descoberta e de análise dos sons, e torna-se um meio eficaz de abordagem da escrita com o iniciante.

A partir do instante em que o aluno sente a necessidade de fixar graficamente suas ideias musicais ou sons diversos, é importante dar-lhe a oportunidade de **inventar seus próprios códigos**. Assim, ele também compreende a relação existente entre um movimento sonoro e sua representação escrita. E, para que se chegue a essa representação gráfica, é necessário desenvolver uma escuta atenta e cuidadosa. A organização desses desenhos gráficos permite que se desenvolva a noção de partitura, colocando em prática as normas adotadas.

Conforme argumentam Agosti-Gherban e Rapp-Hess (1986), o trabalho gráfico não é importante somente do ponto de vista musical, mas igualmente como preparo para o aprendizado da escrita, e não somente no que concerne a representação, mas também para desenvolver o desejo de comunicação e de compreensão, o que é fundamental para a escrita. Além do lado criativo, ele desenvolve a faculdade de análise das crianças.

1.1.2 A organização de partituras

A partitura é, para a música, o que o livro é para a literatura. Ou seja, com o uso dos sinais de escrita dos sons, sejam eles contemporâneos, feitos com desenhos e grafismos, ou tradicionais, feitos com as notas colocadas na pauta de cinco linhas, o compositor organiza suas ideias no papel. Esse texto musical grafado, estruturado e repleto de indicações, dará as coordenadas para o intérprete tocar uma música da maneira mais próxima possível daquilo que foi idealizado pelo compositor. **A partitura é a música escrita**.

Uma partitura, normalmente, segue os mesmos princípios do texto ocidental, que começa a ser escrito da esquerda para a direita, fluindo de cima para baixo. No entanto, na contemporaneidade, outras formas de seguir a escrita são permitidas, como em círculo ou mesmo com os sinais distribuídos aleatoriamente.

No processo de aprendizagem musical, é extremamente importante que o aluno se familiarize com as diferentes maneiras de se escrever e organizar as músicas, e que ele mesmo se habitue a grafar suas ideias musicais em forma de partitura.

2 [JOGOS MUSICAIS: gesto e voz

sta primeira série de jogos propõe a prática da exploração e da manipulação sonora e busca familiarizar os alunos com o mundo dos sons e da música. Serão enfatizadas algumas qualidades do som, como, por exemplo, altura e intensidade. Ao final dessa etapa, espera-se que os alunos consigam criar sequências musicais completas, ou seja, **criar músicas**, tendo como gerador ou impulsionador do som o movimento corporal e, como ferramenta, a emissão vocal. Os participantes aos poucos se soltam e se apropriam dessa forma de expressão, preparando-se para a composição final.

A série é iniciada com uma improvisação espontânea por intermédio da brincadeira da *Bola sonora*. Após, é trabalhada a improvisação em pequenas estruturas com a brincadeira do *Dominó* e, depois, em estruturas um pouco maiores por meio do *Som que vem do gesto* e do *Acumulativo*. Em seguida, o aluno passa pela experiência de uma releitura, já com vistas à organização, no chamado *Refazendo músicas*, e chega à elaboração de uma peça pensada em seu todo, sempre a partir do movimento corporal, com a *Música da dança*.

Em cada momento é abordada a escrita dos sons, na qual se transporta o movimento dos gestos para o papel. Ao final da série, já é possível construir uma música e uma partitura completa.

É interessante notar, porém, que não trabalharemos com a música feita somente com notas, mas com uma música que pode utilizar todo tipo de sons e ruídos.

Atividades e conteúdos musicais

Serão trabalhados, principalmente por meio da improvisação, os seguintes elementos ligados à exploração sonora:

- Altura dos sons: execução e percepção do movimento sonoro do grave para o agudo e vice-versa.
- Intensidade: execução e percepção de diferentes nuances de forte e fraco do som.
- Timbre: características vocais ou instrumentais, que possibilitam a identificação da origem do som.
- Duração do som: enfocando, principalmente, contrastes entre sons longos e curtos.
- Noção de frase musical.
- Escrita dos sons com grafismos.
- Organização de partituras.
- Relação entre gesto e som.

Este primeiro exercício, juntamente com os três que o seguem, trabalha basicamente com os mesmos conteúdos musicais, mas de forma progressiva.

Objetivos

- Iniciar uma atividade de improvisação. Este jogo pode ser um primeiro contato com a expressão vocal e gestual espontâneas.
- Desinibir os participantes, soltar a imaginação e levá-los a inventar gestos e sons de maneira natural, como uma brincadeira.
- Iniciar, desde que executada a variação sugerida para este jogo (que propõe a escrita) uma primeira relação entre a expressão sonora e as possibilidades de representação gráfica a partir do gesto. O fato de escrever a trajetória da bola no papel concretiza e auxilia a percepção da altura do som, mesmo que de maneira ainda inconsciente. Essa escrita é, na verdade, a transposição do gesto grande, feito no ar, para o papel, em tamanho menor e com maior controle motor.
- Auxiliar a alfabetização de crianças, preparando-as.
- Levar os participantes a perceber e a realizar variações de altura, de intensidade, timbre e de sons longos e curtos, mas de maneira espontânea, não direcionada.

Disposição dos participantes: em pé, formando um círculo.

Descrição do jogo

Um participante inicia o jogo fazendo de conta que está segurando uma bola em suas mãos. Ele deve arremessá-la a um colega do círculo, adicionando um som vocal ao movimento de arremesso para melhor indicar o tipo de caminho feito pelo objeto imaginário (semelhante ao que fazem as crianças ao brincar de carrinhos ou aviões em movimento). Este pega a bola imaginária e, por sua vez, a joga a outro, fazendo um som diferente do anterior, sempre com a intenção de, pelo som e pelo gesto, dar a ideia do caminho percorrido por essa bola. É bom que, durante o decorrer do jogo, a bola imaginária mude de tamanho, de peso, pule, role pelo chão, escape para fora do círculo etc., tudo isso mostrado pela mudança dos gestos e dos sons emitidos.

Variações

- **Dissociação**: um participante faz a trajetória da bola com gestos e outro a sonoriza.
- **Grafismo**: cada participante inventa e desenha em um papel (o desenho pode ser feito de modo individual ou em grupo) por meio de linhas, a trajetória feita por qualquer uma das bolas enviadas durante o jogo, para que o colega, ou o grupo, leia e sonorize.

Jogo 1
Bola sonora

Observação

A bola não precisa ser enviada de um participante para outro na sequência do círculo, mas é importante que se mantenha a continuidade no envio. O participante com a bola na mão apenas olha para o colega a quem ele a enviará, sem precisar falar, o que requer a atenção de todos sobre o que detém a bola nas mãos.

Em geral, este é um jogo bastante apreciado e divertido e a tendência é que a imagem e a alusão à bola retornem às aulas subsequentes. Ele serve também como aquecimento e introdução ao que será desenvolvido na sequência dessa proposta.

Atividades e conteúdos musicais

Serão trabalhados, principalmente por meio da improvisação, os seguintes elementos ligados à exploração sonora:

- Altura dos sons: execução e percepção do movimento sonoro do grave para o agudo e vice-versa.
- Intensidade: execução e percepção de diferentes nuances de forte e fraco do som.
- Timbre: características vocais ou instrumentais.
- Duração do som: enfocando, principalmente, contrastes entre sons longos e curtos.
- Noção de frase musical.
- Escrita dos sons com grafismos.
- Organização de partituras.
- Relação entre gesto e som.

Objetivos

- Desenvolver a memória auditiva e gestual pela repetição de propostas feitas pelos colegas.
- Introduzir a noção de frase musical[3] e ligação de uma ideia já existente a outra nova.
- Estimular a improvisação.
- Observar diferentes tipos de expressão vocal.

Disposição dos participantes: pares em pé, formando um círculo.

Descrição do jogo

O primeiro participante faz um gesto no ar com os braços ou o corpo todo e emite um som vocal para acompanhá-lo. O colega à sua direita repete o mesmo gesto com som e adiciona mais um inventado por ele, formando uma pequena sequência de **dois** gestos sonoros. Em seguida, o terceiro repete somente o gesto sonoro feito pelo vizinho anterior e inventa mais um. O quarto participante repete apenas o gesto sonoro do que o antecedeu e adiciona mais um, e assim por diante.

Variações

- Repetir o mesmo jogo somente com gestos, sem som, mas imaginando que tipo de som o movimento poderia sugerir.
- Grafismo: cada participante pode inventar e desenhar no papel, usando linhas, a sequência de gesto-som feita por sua dupla, para então comparar com a de seus colegas.

Jogo 2
Dominó

3. Frase musical: "Termo usado para pequenas unidades musicais de tamanhos variados" (Sadie, 1994, p. 343).

Observação

O som que acompanha o gesto deve estar intimamente ligado a ele. É preciso compreender as qualidades dinâmicas do gesto e relacioná-las com o som. Um gesto liso e contínuo do braço no espaço não dará um som interrompido. Se, por exemplo, o gesto for o de um braço deslizando no espaço de baixo para cima, espera-se que o som vocal seja contínuo indo do mais grave para o mais agudo. Se o gesto for de vários dedos se mexendo rapidamente no espaço, o som poderá ser descontínuo como o de várias gotas de água. No entanto, é importante que o próprio aluno descubra a sua maneira de se expressar, gestual e sonoramente, mesmo que sua expressão não seja aquela imaginada pelo professor. O mais importante não é a representação exata de um som ou de um gesto, mas a sua expressão espontânea e a descoberta das relações que podem existir entre um e outro. O jogo do *Dominó* é uma preparação para *O som que vem do gesto*.

4. As representações e desenhos, apresentados para ilustrar esse e os demais jogos, foram coletados pela autora em oficinas, cursos e aulas ao longo de 20 anos de trabalho com o tema.

Figura 1 – Representação gráfica feita por aluno[4] referente ao jogo *Dominó*

Nota: A primeira parte do desenho refere-se ao gesto feito pelo primeiro participante da dupla e a segunda, separada por pequeno espaço em branco, refere-se ao gesto feito pela segunda pessoa. Juntos, eles formam uma ideia só.

Jogo 3
O som que vem do gesto

Objetivos

- Estimular a imaginação sonora.
- Iniciar a dissociação entre gesto e som, para torná-los independentes.
- Intensificar a compreensão da relação entre som e escrita.

Disposição dos participantes: em pé, formando um círculo.

Descrição do jogo

Um participante faz um gesto com os braços ou com o corpo todo, sem som, e o seguinte, à sua direita, repete o mesmo gesto, associando a ele um som vocal que inventou para essa gesticulação. Segue-se um em seguida do outro até completar o círculo, como no jogo *Dominó*.

Atividades e conteúdos musicais

Serão trabalhados, principalmente por meio da improvisação, os seguintes elementos ligados à exploração sonora:

- Altura dos sons: execução e percepção do movimento sonoro do grave para o agudo e vice-versa.
- Intensidade: execução e percepção de diferentes nuances de forte e fraco do som.
- Timbre: características vocais ou instrumentais.
- Duração do som: enfocando, principalmente, contrastes entre sons longos e curtos.
- Noção de frase musical.
- Escrita dos sons com grafismos.
- Organização de partituras.
- Relação entre gesto e som.

Variações

- O primeiro aluno do círculo faz um gesto, o seguinte desenha a gesticulação no papel e o terceiro a lê vocalmente.
- O primeiro aluno do círculo faz um som e o seguinte inventa um gesto para ele (somente o gesto, sem som).

Observação

É importante que os participantes imaginem o som que poderia ser emitido a partir dos gestos ao mesmo tempo em que estes são feitos. Isso desenvolve a imaginação e os deixa atentos ao processo. Ao final, ao comparar o tipo de som que cada um imaginou, o jogo torna-se bastante enriquecedor. É possível perceber que o gesto se traduz em uma mesma forma dinâmica de som na imaginação de todos, mas que, por outro lado, o timbre provoca resultados diversos.

Com relação à segunda variação, é interessante observar como som e gesto estão tão intimamente ligados que, muitas vezes, as pessoas têm dificuldades em dissociar um do outro, e acabam produzindo gestos enquanto emitem os sons.

Figura 2 – Representação gráfica, feita por aluno, referente ao jogo *O som que vem do gesto*

Atividades e conteúdos musicais

Serão trabalhados, principalmente por meio da improvisação, os seguintes elementos ligados à exploração sonora:

- Altura dos sons: execução e percepção do movimento sonoro do grave para o agudo e vice-versa.
- Intensidade: execução e percepção de diferentes nuances de forte e fraco do som.
- Timbre: características vocais ou instrumentais.
- Duração do som: enfocando, principalmente, contrastes entre sons longos e curtos.
- Noção de frase musical.
- Escrita dos sons com grafismos.
- Organização de partituras.
- Relação entre gesto e som.

Descrição do jogo

O primeiro participante faz um gesto curto acompanhado de um som vocal – da mesma maneira que no jogo *Dominó* – e todos o repetem. O aluno seguinte, à direita, refaz o mesmo movimento e som e adiciona outro inventado por ele. Todos repetem os dois gestos e sons na sequência, como se fossem um só. O terceiro repete os dois anteriores e adiciona o gesto e som dele. Todos repetem a sequência, e assim por diante. A repetição por todos antes que se acrescente mais um gesto ajuda a memorização e evita a interrupção da sequência.

Jogo 4 — Acumulativo

Objetivos

- Iniciar a prática de sequências mais longas de expressão sonora e gestual.
- Trabalhar a noção de continuidade.
- Desenvolver a memória auditiva e visual.
- Estimular a improvisação e a criação espontânea.
- Observar a dinâmica do som.

Disposição dos participantes: em pé, formando um círculo.

Variações

- Refazer o mesmo tipo de sequência, mas agora sem som, apenas com os gestos.
- Ao final do jogo *Acumulativo* com som, cada participante pode transportar a sequência toda para a escrita com grafismos e comparar os diferentes resultados com os companheiros. É possível também escrever a sequência em conjunto, no quadro de giz, e fazer uma leitura vocal geral.

Observação

Quando houver um número muito grande de participantes, que impossibilite memorizar a ordem dos sons que vão sendo criados até o fim, é possível reiniciar uma nova sequência várias vezes.

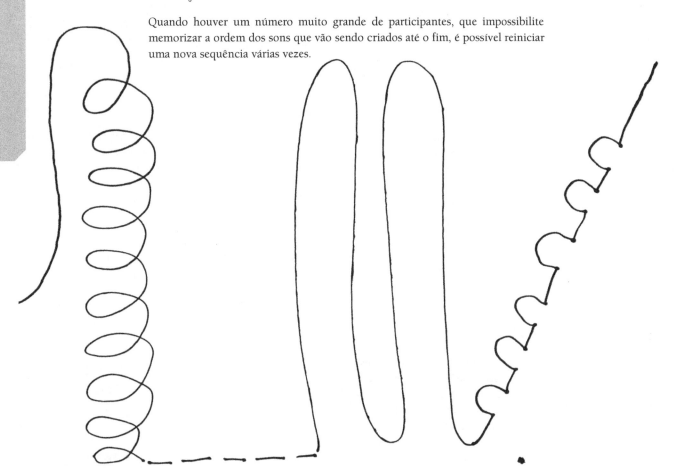

Figura 3 – Representação gráfica, feita por um aluno, referente ao resultado de uma sequência realizada por seis participantes do jogo *Acumulativo*

Nota: Cada parte da sequência de gestos que originou este desenho foi executada por um participante diferente, mas escrita por um só aluno. Assim, o primeiro fez um gesto simples de baixo para cima, o segundo, um gesto em espiral para baixo, o seguinte fez algumas linhas retas com pequenos intervalos, o conseguinte, um gesto semelhante ao que reproduz duas montanhas, o penúltimo aluno fez um movimento ascendente tortuoso e, para dar a ideia de término, foi feito um gesto significando um ponto.

Atividades e conteúdos musicais

Serão trabalhados os seguintes elementos ligados à organização musical:

- Estrutura musical.
- Partitura.
- Interpretação musical.

Os jogos 5 e 6 iniciam o aluno na organização e na estruturação musical a partir da releitura de peças já existentes. Assim, um deles propõe recriar uma música a partir de outras e, o segundo, a partir do movimento.

5. A quantidade de pessoas por grupo pode variar conforme as características e a dinâmica de cada classe, mas a experiência tem mostrado que cinco pessoas é um número adequado e produtivo para esse tipo de exercício.

Objetivos

- Proceder à criação de uma peça musical completa, de maneira refletida e não mais de modo improvisado, tendo como base outra ouvida anteriormente.
- Elaborar uma partitura para execução da peça.
- Descobrir as relações existentes entre a peça reelaborada e a que deu origem a ela (elementos estruturais, timbres, pontos de conexão).

Disposição dos participantes: em grupos de aproximadamente cinco pessoas[3], dispostas livremente.

Recursos necessários: cartolina ou folha de papel e lápis.

Descrição do jogo

Os participantes devem ouvir quatro peças selecionadas, uma em seguida da outra. Durante a audição de cada música o aluno escreve uma partitura do que ouve, anotando principalmente a sua estrutura, sem atentar muito para os detalhes. Terminada a escuta, todos se dividem em grupos e cada um escolhe uma das peças ouvidas. A partir das partituras feitas individualmente, cada grupo deve remontar outra e sonorizá-la, criando uma nova versão da peça ouvida. Após isso, cada grupo deve apresentar sua criação aos outros, para que tentem descobrir qual é a peça de origem.

Observação

Trata-se de uma etapa mais avançada em relação ao exercício anterior, na qual os participantes farão a organização da sua criação musical. É uma elaboração completa que, no entanto, ainda não parte do nada, mas tem um estímulo inicial de apoio.

Sugestão de repertório para a realização deste jogo

Seguem ao lado algumas sugestões de músicas, com caráter e estilo bastante distintos entre si. No entanto, é importante ressaltar que qualquer tipo de repertório pode ser trabalhado, ou seja, o professor ou o orientador podem escolher outras obras musicais que estejam à sua disposição e que atendam aos objetivos propostos.

Músicas sugeridas

- **Tabula rasa**[6], de Arvo Pärt. Utilizar da parte inicial até aproximadamente três minutos.
- **Trois rêves d'oiseaux**[7], de François Bayle. Executar uma parte inicial de aproximadamente três minutos.
- **Deep night (Ye Shen Chen)**[8], (música tradicional chinesa), de Zhang Suying. Executar aproximadamente dois minutos.
- **Action-Situation-Signification**, de Magnus Lindberg. Executar a música *Fire*[9].

6. PÄRT, Arvo. **Tabula rasa**. Berlin Philharmonic Orchestra; Lithuanian Chamber Orchestra. München: ECM, 1984. 1 CD.

7. BAYLE, François. **Trois rêves d'oiseaux & Mimameta**. Paris: INA-GRM, 1997. 1 CD.

8. SUYING, Zhang. Deep Night (Ye Shen Chen). In: **Centennial Classics**: Instrumental Music – v. 1 (Bai Nian Chang Pian Min Zu Qi Yue Ming Jia Ming Qu Jing Dian Yi). China: China Records Corporation, 2004. Faixa 9.

9. LINDBERG, Magnus. Fire. In: _____. **Action-Situation-Signification**. Toimii Ensemble; Swedish Radio Synphony Orchestra; Regência: Esa-Pekka Salonen. Finlândia: F. Records, 1988. Faixa 6.

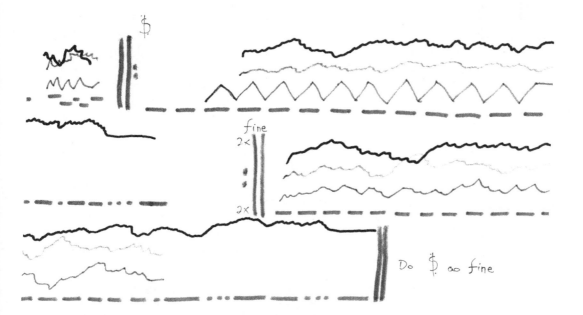

Figura 4 – Partitura criada por equipe de alunos com base na audição de *Tabula rasa*

Atividades e conteúdos musicais

Serão trabalhados os seguintes elementos ligados à organização e à escrita:

- Escrita musical com grafismos.
- Partitura musical.
- Interpretação musical.

Objetivos

- Trabalhar na elaboração de sequência organizada, com início, meio e fim. Agora, não se trata mais da expressão espontânea de uma ideia musical, mas sim, de uma expressão elaborada, que parte do visual (gesto) e chega ao musical.
- Desenvolver a noção de organização e de elaboração de uma partitura musical, sendo a anotação dos gestos feita de maneira improvisada.
- Praticar o processo inverso, ou seja, criar uma música a partir da partitura.
- Instigar o hábito de inventar códigos para grafar sons, provocando a familiarização com a notação.
- Provocar a descontração e a desenvoltura para usar o próprio corpo de maneira expressiva.

Descrição do jogo

Este exercício dispõe de três fases diferentes:

- 1ª fase – Elaboração da sequência de gestos e apresentação: cada grupo elabora uma sequência de gestos, semelhante ao que já foi feito no jogo *Acumulativo*, mas, dessa vez, de maneira estruturada, para ser apresentada aos outros. Enquanto um grupo se apresenta, cada participante vai tomando nota, em forma de partitura gráfica, dos gestos executados.
- 2ª fase – Sonorização dos gestos e apresentação: uma vez concluídas as apresentações, os grupos voltam a se reunir para escolher, a partir das anotações feitas, qual das partituras irão sonorizar. Ou seja, o que anteriormente foi apresentado somente com gestos, agora, será reapresentado, por outro grupo, somente com sons. Novamente cada grupo apresenta sua sequência sonora, para que os outros identifiquem a que coreografia corresponde.
- 3ª fase – Integração gesto/som: para concluir, cada grupo de origem (que elaborou a peça gestual) apresenta-se novamente, desta vez acompanhado dos sons do segundo grupo, integrando, assim, a música aos gestos.

Jogo 6
A música da dança

10. Devido à característica deste exercício, é importante que, na medida do possível, os grupos tenham igualmente o mesmo número de integrantes, para uma melhor realização da parte final do jogo.

Disposição dos participantes: divididos em grupos com o mesmo número de pessoas, sendo aproximadamente cinco[10], dispostos livremente.

Recursos necessários: cartolina ou folha de papel e lápis.

Observação

É importante ressaltar que os gestos devem ser realizados de forma semelhante ao de uma coreografia de dança e não representar uma história ou uma situação, como o ato de escovar os dentes ou dirigir uma motocicleta, por exemplo. Trata-se de um exercício bastante completo, exigindo do participante diversas habilidades, que já devem ter sido adquiridas no decorrer das práticas descritas anteriormente, pois este jogo começa a trabalhar com o todo, ou seja, com uma ideia musical inteira.

3 [JOGOS MUSICAIS: sopa de letrinhas

Neste grupo de jogos são usados sons de letras e palavras como base para a criação musical, enfocando a exploração de suas possíveis sonoridades e relações rítmicas.

Os jogos são totalmente independentes e não formam uma sequência progressiva, com exceção do primeiro deles, *Caretas*, que tem o intuito de preparar os participantes, estimulando-os a buscar novos sons vocais que poderão servir de material para as composições musicais a serem desenvolvidas posteriormente.

As partituras, sempre presentes, podem ser construídas tanto com desenhos quanto com letras, buscando-se a melhor representação possível dos sons pretendidos.

As músicas sugeridas para audição complementam o trabalho, tendo em vista que elas usam princípios semelhantes aos aqui expostos. No entanto, vale ressaltar que o fato de não ouvi-las de modo algum inviabiliza ou diminui o trabalho prático.

Atividades e conteúdos musicais

Serão trabalhados os seguintes elementos ligados à exploração sonora:

- Timbre.
- Tipos de emissão vocal: cantar, falar, entoar, cantar falando (*sprechgesang*), sussurrar, gritar, chorar, rir etc.
- Intensidade (forte e fraco).

Objetivos

- Instigar a pesquisa sonora, partindo do corpo, no caso, a face.
- Repertoriar diferentes tipos de emissão vocal.
- Reafirmar o trabalho de organização sonora, com intuito de se chegar à criação musical.
- Inventar uma grafia apropriada e organizar as ideias em forma de partitura, preparando sempre o participante para a composição musical.
- Desinibir o indivíduo para o fazer musical.

Jogo 7
Caretas

Disposição dos participantes: sentados em círculo.

Descrição do jogo

Com as mãos tapando as orelhas de maneira a provocar ressonância e percepção diferente e mais intensa dos sons emitidos vocalmente, fazer caretas para emitir sons, à procura de sonoridades diferentes. Todos devem fazer a atividade ao mesmo tempo, mas de forma independente, cada qual prestando atenção no som produzido por si próprio. Terminada a pesquisa, cada participante escolhe o som que achou mais interessante para mostrar aos outros.

Variação

Escolher alguns dos sons encontrados e elaborar uma sequência, em grupo, colocando nuanças de intensidade. Também é possível criar sinais gráficos para representá-los e, então, organizar uma partitura.

Observação

Partir da careta para encontrar diferentes sons vocais estimula o participante a pesquisar e a descobrir novas sonoridades de maneira descontraída e engraçada. Em geral, todos se divertem muito ao fazê-lo.

Atividades e conteúdos musicais

Serão trabalhados os seguintes elementos ligados à composição musical e à construção de partituras:

- Timbres.
- Composição musical.
- Escrita de sons.
- Organização de partituras.
- Tipos de emissão vocal: cantar, falar, entoar, cantar falando (*sprechgesang*), sussurrar, gritar, chorar, rir etc.

Objetivos

- Aprofundar a prática da criação musical e de partituras, nesse caso, a partir da palavra.
- Fazer variações sonoras com base em uma palavra.
- A partir dos sons das palavras, dos fonemas e das letras, abordar noções como: fragmentação, repetição, sobreposição, supressão, alargamento etc.
- Reconstruir fonemas, inventar palavras e sílabas.
- Descobrir diversos tipos de emissão vocal: cantar, falar, entoar, cantar falando (*spreschgesang*), sussurrar, gritar, chorar, rir etc.

Disposição dos participantes: grupos de quatro pessoas, dispostas livremente.

Recursos necessários: cartolina ou folha de papel e lápis.

Descrição do jogo

Cada grupo escolhe uma palavra qualquer. Ela será o único elemento para conceber uma composição, a ser feita a partir de sua transformação. Ela pode ser cortada, desintegrada, repetida por partes, por vogais ou consoantes etc., pensando-se, antes de tudo, na sonoridade que emerge das modificações. Cada integrante pensa em uma maneira de trabalhar a palavra musicalmente e em como escrevê-la. Em seguida, utilizando uma cartolina, cada elemento do grupo deve se posicionar em um dos quatro lados e, a partir de seu local, escrever as ideias que desenvolveu a partir da palavra. Chega-se ao resultado de uma só partitura não convencional que será trabalhada de forma a se transformar em uma composição única, interpretada na ordem e da maneira que for decidida por todos, colocando-se nela também os sinais de dinâmica necessários à composição. Depois de ensaiar, os grupos apresentam cada qual sua música aos outros, que tentarão descobrir a palavra escolhida.

Observação

A sugestão de se fazer uma partitura escrita a partir dos 4 cantos do papel é no sentido de levar os participantes a mudar sua perspectiva de escrita musical, tendo em vista as inúmeras possibilidades oferecidas pela música na atualidade. Dessa forma, a leitura pode ser feita a partir de diversos lugares diferentes, o que ocasionará um resultado sonoro igualmente diverso. Trata-se de uma mudança de paradigmas, mas nada impede que se escreva uma partitura linear, em que a leitura se faça da esquerda para a direita e de cima para baixo.

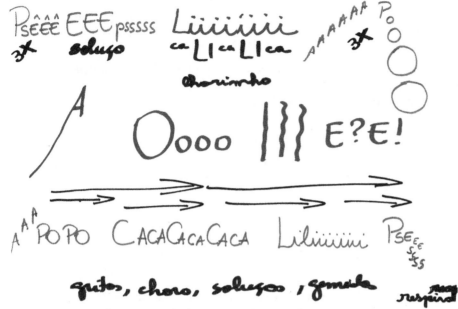

Figura 5 – Partitura feita por grupo de alunos com a palavra *apocalipse*

Música para ouvir

- *Nouvelles aventures*[11], de Ligeti.

Pode-se ouvir apenas uma parte de *Nouvelles aventures* – para três cantores e sete instrumentos – tendo em vista que a obra toda leva mais de 11 minutos.

Sobre a obra musical

Esta peça de György Ligeti (1923-2006) é bastante expressiva e emocional. Contém um texto escrito numa língua que não existe, inventada pelo compositor. A instrumentação não tem a função de acompanhar o canto, ao contrário, vozes e instrumentos se intercalam e se complementam. Conforme explicações dadas pelo próprio Ligeti no encarte do CD, o aspecto puramente musical ocorre tanto pela emoção intensificada quanto pelos gestos e pela mímica que dela resultam, do qual é possível construir mentalmente uma ação cênica imaginária não definida quanto ao seu conteúdo, mas sim, emocionalmente (Ligeti, 1985, tradução nossa).

Ao ouvi-la, tem-se a real impressão de que existe o desenrolar de uma cena, em que diálogos se fazem, situações acontecem, emoções são reveladas.

Relação do repertório sugerido com os jogos

O trabalho realizado com os jogos precedentes foi muito focado na expressão vocal e corporal dos participantes. Não houve preocupação com significados semânticos nem intenção de transmitir ideias com palavras, mas apenas a emissão sonora como um meio de expressão e um preparo para a composição musical. Os gestos, usados como propulsores de som, são parte intrínseca do todo sonoro e, de alguma forma, conferem um caráter cênico ao jogo.

Percebe-se, então, uma relação entre as práticas desenvolvidas e a obra musical de Ligeti. Sua audição vem ilustrar o trabalho desenvolvido e enriquecer o repertório dos participantes. Ao mesmo tempo, ela serve para dar sentido a um trabalho que, à primeira vista, e para alguns, tem características mais de brincadeira do que de realização musical.

Se o orientador das atividades não tiver acesso ao repertório aqui sugerido, é sempre importante que ele atente para as relações existentes entre a prática criativa e a obra musical a ser escolhida, observando detalhes de sua construção e dos materiais sonoros utilizados para melhor conduzir os participantes em direção à composição musical.

11. LIGETI, György. Nouvelles aventures. In: _____. **Réquiem, Aventures, Nouvelles aventures**. Solistas: Gertie Charlent, Marie-Thérèse Cahn, William Pearso; Internationales Kammerensemble Darmstadt, Regência: Bruno Maderna. Mainz: Wergo, 1985. 1 CD. Faixa 3.

Atividades e conteúdos musicais

Serão trabalhados os seguintes elementos ligados à composição musical e à construção de partitura:
- Contrastes de sons curtos e sons longos (caráter rítmico).
- Contrastes de sons contínuos e descontínuos (som/silêncio).
- Grafia de sons.
- Organização de partitura.

Objetivos

- Trabalhar com os contrastes de sons curtos e longos e de sons contínuos e descontínuos.
- Sobrepor elementos com caráter rítmico vindos da emissão das consoantes aos elementos melódicos vindos da emissão das vogais.
- Estabelecer convenções para grafar os tipos de sons abordados.

Disposição dos participantes: andando livremente pela sala.

Recursos necessários: cartolina ou folha de papel e lápis.

Descrição do jogo

Toma-se uma nota de base para ser entoada por todos ao mesmo tempo, sobre uma vogal escolhida, como se fosse um coral. Cada um escolhe, aleatoriamente, duas consoantes de som curto, como, por exemplo, t e p, com as quais improvisa em cima da base entoada sobre a vogal, cada qual no seu tempo, enquanto anda livremente pela sala, deslocando, assim, o som pelo espaço. O resultado sonoro deve ser o de várias vozes cantando uma massa sonora de sons melódicos contínuos (exemplo: /AAAAAA/) interrompidos esporadicamente por sons curtos (exemplo: /pppp/ptptpt/ttt/). Em seguida, cada participante desenha no papel um lapso de tempo do resultado sonoro da atividade do grupo e todos discutem e analisam os diferentes grafismos.

Jogo 9
Linhas, pontos e letras

Observação

O uso de vogais e de consoantes auxilia na distinção entre os sons longos, contínuos, e os sons curtos, descontínuos. É importante que, enquanto um participante estiver improvisando sua música, cada um ouça o que está emergindo do grupo, para que se possa interferir nele com maior consciência.

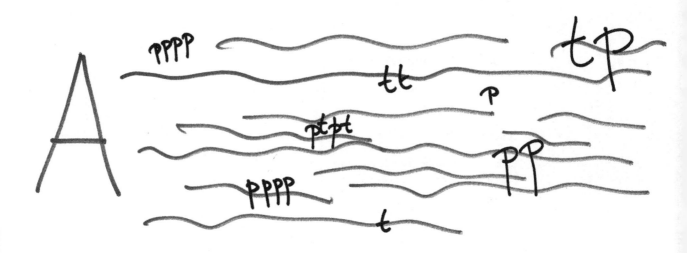

Figura 6 – Partitura: tramas e letras

Atividades e conteúdos musicais

Composição musical e construção de partitura:
- Contrastes de sons curtos e sons longos (caráter rítmico).
- Contrastes de sons contínuos e descontínuos (som/silêncio).
- Texturas sonoras (linhas e tramas sonoras).
- Grafia de sons.
- Organização de partitura.

Objetivos

- Organizar criativamente eventos sonoros (sons longos e curtos a partir de consoantes e vogais) em uma sequência musical.
- Organizar uma partitura da música inventada.
- Manusear os contrastes de: som longo e curto, linha e trama sonora[12], forte e fraco.

Disposição dos participantes: em grupos dispostos livremente.

Recursos necessários: cartolina ou folha de papel e lápis.

Jogo 10
Música das letras

Descrição do jogo

Cada grupo escolhe duas letras: uma apropriada para fazer sons longos (como a, m, s, por exemplo), outra para sons curtos (como t, p, b, por exemplo). Os sons longos devem ser contínuos, sem interrupção e devem ter nuances de intensidade; os curtos podem ser repetidos conforme ritmo e intensidade determinados. Uma vez escolhidas as letras, montar com elas uma sequência musical, escrever a partitura, ensaiá-la e apresentá-la.

Observação

Mais complexo que o exercício anterior, este jogo exige a organização em sequência das sonoridades, com vistas à composição musical.

12. Uma *linha sonora*, como o próprio nome diz, refere-se à emissão de um som único. Já uma trama surge da aglomeração de vários sons simultâneos. Um paralelo desses dois sons pode ser feito com a linha (de costura) e o tecido (para fazer a roupa).

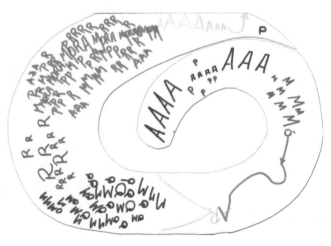

Figura 7 – Partitura *Música das letras*, feita por grupo de alunos

Música para ouvir

- *Sequenza III*[13], de Berio.

Sobre a obra musical

A *Sequenza III*, de Luciano Berio (1925-2003), para voz feminina, é escrita sobre um poema de Markus Kutter (1925-2005), cujo texto vai aparecendo aos poucos na música. Primeiro vêm as letras, depois se formam os fonemas, as palavras e, por último, as frases. Fica claro que o som é mais importante do que o significado do texto, muito embora a estrutura da peça siga a ideia gerada pelo poema, que é de construção. Há momentos cujo caráter é mais rítmico e outros mais melódicos, mas sempre dentro de uma abordagem não tradicional. Nessa obra, o compositor traz uma diversidade muito grande de sons possíveis de serem feitos com a voz, como por exemplo, gritos, choros, murmúrios, estalos, gemidos, e agrega a eles diferentes tipos de sentimento como tensão, nervosismo, alegria, frenesi[14].

Relação com os jogos

O tratamento dado às palavras dessa música vai ao encontro dos jogos de criação aqui descritos, em que a manipulação dos sons provenientes da fala é o mais importante. Assim, ela complementa a prática desenvolvida em sala de aula e dá um notável exemplo de transformação e de uso dos sons das palavras em música, inclusive diferenciando sonora e musicalmente as consoantes das vogais.

Mas vários outros elementos também se correlacionam, como a variedade de sonoridades e de expressões vocais apresentadas, os aspectos rítmicos e melódicos tratados de maneira não convencional e relacionados com letras e palavras, bem como a partitura usando sinais tradicionais e outros inventados ou usados de maneira livre. Além disso, essa peça tem um aspecto um tanto cômico – o que agrada às pessoas –, é relativamente curta e sugere a presença de uma movimentação gestual.

13. BERIO, Luciano. Sequenza III. In:_____. **Sequenza III & VII**. Soprano: Cathy Berberian; clarinete: Virgil Blackwell; violino: Romauld Tecco; viola de arco: Kaaren Philips; violoncello: Fred Sherry; harpa: Kathleen Bride; piano: Dennis Russel Davies. Londres: Philips Classics, 1990. 1 CD. Faixa 2.

14. Uma análise mais detalhada desta obra pode ser encontrada em: ZAGONEL, Bernadete. Um estudo sobre a Sequenza III, de Berio: para uma escuta consciente em sala de aula. **Revista da Abem**, Porto Alegre, n. 4, p. 37-51, set. 1997. Disponível em: <http://www.bernadetezagonel.com.br/pacademicas/sequenza.pdf>. Acesso em: 16 nov. 2009.

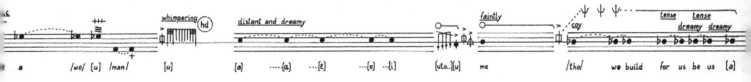

Figura 8 – Excerto da partitura de *Sequenza III*   Fonte: Berio, 1968, p. 5.

4 Jogos Musicais: linhas sonoras no espaço

O espaço que nos rodeia é repleto de formas, linhas e texturas, que podem ser transformadas em som se usarmos nossa imaginação. Os contornos das paredes ou dos móveis são, na verdade, linhas que já existem em forma de curvas, retas ou pontos, e que estão à espera de serem descobertas para serem transformadas em sons com diferentes alturas, texturas e comprimentos ou, até mesmo, em silêncio, se pensarmos nos espaços vazios.

Ao apontar o dedo para seguir a linha isto é, o contorno, as arestas ou bordas, de uma parede, por exemplo, podemos transformar esse traçado em desenhos escritos no papel que, organizados, podem vir a se tornar partituras musicais. Assim, os contornos das paredes, do teto, do chão, dos móveis, podem resultar em sons, serem escritos como partituras, e, assim, transformarem-se em música. Para tal, basta organizá-los e fazer a sua leitura de forma expressiva.

Da mesma forma que é possível transformar em sons as linhas existentes nas paredes e nos objetos das construções, é possível também transformar as linhas presentes na natureza, por meio dos contornos das árvores, das montanhas, dos rios ou das nuvens no céu. Tudo isso pode ser material em potencial para brincarmos com os sons e fazermos música.

O princípio é o mesmo usado em todos os jogos, ou seja, ao seguir o caminho de uma linha indo de baixo para cima, trabalhamos com altura do som do grave para o agudo, e vice-versa. Uma linha de parede que pareça mais marcada pode se transformar em um som mais forte, enquanto uma linha mais suave pode ser representada por um som mais fraco. O importante é desenvolver o ouvido musical, perceber as qualidades do som, brincar, cantar, inventar diferentes maneiras de se fazer música.

Sobre o silêncio

A concepção de silêncio sofreu mudanças no decorrer do século XX, de modo que passa a ser visto não mais apenas como o oposto do som, mas como complementar dele. Para Cage, o silêncio não existe, pois não há silêncio que não esteja "grávido" de sons (Cage, citado por Campos, 1985, p. 14). Cage chegou a compor a peça 4'33", na qual os músicos não executam absolutamente nada, permanecendo com seus instrumentos, imóveis no palco, em absoluto silêncio. O resultado é que, em geral, é o público quem acaba se manifestando e vai interferindo sonoramente nesse silêncio, criando, assim, um novo espaço, sonoro. Para Koellreutter, o silêncio faz parte da obra musical tanto quanto o som, pois ele é um outro aspecto desse mesmo fenômeno (Koellreutter, citado por Zagonel; Chiamulera, 1985, p. 35). É possível dizer que o silêncio possui função expressiva e deixou de ser somente um articulador, uma pausa ou um intervalo. Por isso, é importante que se dê uma atenção especial ao trabalho específico com esse elemento. E lembrar que é dele que nasce a música.

Atividades e conteúdos musicais

Serão trabalhados os seguintes elementos ligados à improvisação e à escrita musical:
- Qualidades do som: altura, intensidade, timbre, duração (sons longos e curtos).
- Movimento sonoro.
- Criação, execução e leitura de grafia de sons.

Objetivos

- Reduzir o gesto amplo do corpo, trabalhado até o momento, para um gesto feito com a mão, no espaço.
- Fixar algumas regras da escrita: da esquerda para a direita e de cima para baixo.
- Expressar diversas qualidades do som ao mesmo tempo: altura, intensidade, timbre, duração (sons longos e curtos).
- Praticar a leitura e a execução de partituras.
- Introduzir a prática da leitura simultânea de sons (duas ou mais vozes), elementos básicos da organização e entendimento de partituras.

Disposição dos participantes: sentados no chão, em círculo.

Descrição do jogo

O primeiro da roda a participar coloca a mão direita em frente ao corpo, como se fosse escrever no ar. A mão desse participante deve se posicionar como se ele estivesse segurando um fio com os dedos. Este fio, ao começar a seguir o movimento da mão, ganha um som vocal, improvisado pela pessoa que o tem à mão (da mesma maneira que nos jogos do tipo *Dominó*, mas agora com gestos mais comedidos e controlados). O fio sonoro faz um pequeno trajeto na frente do indivíduo e logo é passado para o colega sentado à direita, que o segurará com seus dedos e inventará outro percurso sonoro para ele, passando-o para o seu próximo colega, e assim por diante.

Variações

- Fazer uma nova rodada do fio sonoro, introduzindo oscilações maiores de timbre, de intensidade ou de altura. Quanto mais diferente for a sua rota e o seu som, mais rico será o resultado.
- Cada participante escreve uma trajetória do fio no papel. Todos, então, trocam os papéis entre si, aleatoriamente, e cada um o lê, por vez, emitindo sons vocais para o caminho do fio desenhado pelo colega.
- Cada participante escreve uma trajetória do fio no papel. Escolhem-se vários desenhos e com eles monta-se uma espécie de composição musical, colocando-os um ao lado do outro, no sentido horizontal, de maneira a formar uma sequência longa para uma leitura do conjunto. É possível colocar também alguns desenhos verticalmente para serem entoados simultaneamente, como se fosse a duas ou três vozes. É importante que seja observado o aspecto musical da sequência, tanto ao organizar a partitura quanto ao executá-la em grupo. O que se pretende é levar o grupo a inventar e a fazer música, e não apenas a ler uma sequência de linhas.

Jogo 11
Fio sonoro

Observação

O fio costuma se transformar e criar formas as mais diversas possíveis durante sua caminhada no círculo: pode engrossar, aumentar em quantidade, arrebentar etc. Deixar a imaginação das pessoas solta para inventarem, sem bloqueio nem censura, é uma conduta desejável.

Sugerimos que a caminhada do fio se dê da esquerda para a direita, para seguir os princípios de nossa escrita.

Atividades e conteúdos musicais

Serão trabalhados os seguintes elementos ligados à exploração sonora:
- Linhas sonoras.
- Variações de altura e de intensidade do som.

Objetivos

- Descobrir diversas linhas sonoras a partir de objetos existentes no espaço.
- Perceber variações de altura e de perfil dinâmico do som.
- Descobrir diferentes sons a partir da observação de linhas retas, curvas, lisas, irregulares etc.

Disposição dos participantes: em pé, andando livremente pela sala.

Jogo 12
Desenhando o espaço

Descrição do jogo

Todos os participantes saem andando à procura de linhas contínuas, retas ou arredondadas, existentes nos contornos dos objetos e das estruturas na sala, seguindo-as com o dedo indicador: objetos, saliências, linhas das paredes, formas diversas. Enquanto seguem as linhas de longe, com os dedos, vão fazendo (todos aos mesmo tempo, mas cada qual individualmente, à sua maneira e no seu ritmo) o som que imaginam lhe corresponder.

Ao término, cada um é chamado a mostrar aos outros o que encontrou, refazendo o percurso e o som.

Variação

Repetir a mesma busca, incluindo também as linhas descontínuas, ou seja, pulando de um objeto para outro ou interrompendo o caminho feito em cima de uma linha e retomando-o em outra, relacionando esses espaços sem linhas a silêncios.

Figura 9 – Desenho feito no papel, por um aluno, a partir da linha encontrada no contorno de uma parede

Atividades e conteúdos musicais

Serão trabalhados os seguintes elementos ligados ao contraste som/silêncio:

- Percepção e execução de contraste entre som e silêncio.
- Interpretação vocal com variação de timbre, intensidade, altura e duração.
- Improvisação.

Objetivos

- Trabalhar com o contraste entre som e silêncio (o som que emerge do silêncio).
- Executar diferentes formas de interpretação para um mesmo desenho sonoro (variação de timbre, intensidade, altura, duração).
- Exercitar a prática da improvisação.

Disposição dos participantes: livre.

Recursos necessários: cartolina ou folha de papel e lápis.

15. XENAKIS, Iannis. **Nomos Gama**. Orchestre Philarmonique de l'ORTF; regência: Charles Bruck. Paris: Erato, 1981. 1 Disco,

Jogo 13
Música do passeio

Descrição do jogo

Cada participante escolhe algum fragmento das linhas encontradas no jogo *Desenhando o espaço*, escreve-o em uma folha de papel em forma de grafismo e mostra o desenho e o som imaginado aos colegas. Distribuem-se as folhas com os desenhos pelo chão, em diferentes locais da sala. Cada um começa a andar livremente pelo espaço, e, sempre que passar sobre um dos desenhos, para na frente dele e canta um som que corresponda ao que nele está escrito.

Observação

É importante que os participantes ouçam uns aos outros enquanto andam e cantam o próprio som para que possam interagir com o grupo e, assim, improvisar pequenos diálogos.

Música para ouvir
- *Nomos Gama*[15], de Xenakis.

Sobre a obra musical

Em *Nomos Gama*, composta entre 1967 e 1968, Iannis Xenakis (1922-2001) pede que a orquestra, composta por 98 músicos, esteja distribuída entre a plateia, permanecendo o regente posicionado no centro da orquestra e do público. O espaço aqui tem um papel fundamental e importantíssimo, tanto quanto os sons que são tocados pelos instrumentos. É um belo exemplo da utilização do espaço na música, em que os diversos sons, que vem de diferentes lugares, unem-se na percepção do ouvinte.

Relação com os jogos

Nos jogos anteriormente descritos é feito um trabalho com o som que caminha no espaço ou que vem de diferentes partes da sala. Assim como em *Nomos Gama*, nestes jogos, procura-se uma audição menos linear do som. Tradicionalmente, os instrumentos tocam todos em um mesmo lugar, de frente para a plateia. Aqui, pretende-se que o som seja percebido de maneira mais circular, vindo de várias partes da sala, misturando-se e resultando em uma única massa sonora.

5 [JOGOS MUSICAIS: aprendendo música com o corpo em movimento

Neste bloco são descritos vários jogos em que noções musicais são trabalhadas de maneira não convencional, visando facilitar a sua compreensão a partir da concretização vivenciada.

Serão, assim, abordadas noções de ritmo irregular, regularidade (pulsação), altura, intensidade, densidade, som/silêncio, direção, trama sonora, indicadas logo no início de cada exercício.

Não temos a intenção de contemplar toda a teoria da música, mas apenas de sugerir algumas opções para a prática de exercícios de maneira lúdica, usando o corpo, a voz e o espaço. Por isso, é fortemente aconselhada a criação de novas brincadeiras para aquisição de outras noções necessárias ao aprendizado global da música. Para a aplicação dos jogos propostos, não há necessidade de seguir a ordem aqui apresentada, pois cada exercício é independente.

Atividades e conteúdos musicais

Serão trabalhados os seguintes elementos constituintes da música:
- ritmos irregulares.
- execução rítmica por meio do movimento corporal.

Objetivos

- Perceber e executar diferentes **ritmos irregulares**.
- Observar e sentir, pelo corpo, a dinâmica dos ritmos.
- Praticar a repetição de ritmos por meio do corpo.

Disposição dos participantes: duplas em pé, frente a frente.

Jogo 14
Boneco desengonçado

Descrição do jogo

Um integrante da dupla bate com os pés no chão fazendo um ritmo. Na sequência, o outro o imita usando o corpo todo como se fosse um boneco desengonçado, mas sem usar os pés ou as mãos para obter o referido ritmo. A ideia desse jogo é reproduzir o ritmo, construído de maneira convencional, com batidas de pés, pela ação do corpo como um todo. É o ritmo relacionado a movimento.

Observação

É preciso incentivar os participantes a movimentar o corpo todo, dos pés à cabeça, e não se restringir somente aos braços ou cintura, como muitas vezes acontece. Evidentemente, quanto mais desinibido e solto o participante estiver, mais espontaneidade e amplitude conseguirá em seu movimento.

Atentar para o fato de que não é preciso que o participante faça um ritmo compassado, quadrado. Pelo contrário, quanto mais irregular ele conseguir fazê-lo, melhor.

Jogo 15
Respiração em cadeia

Atividades e conteúdos musicais

Serão trabalhados os seguintes elementos constituintes da música:
- Regularidade e pulsação[16].
- Ritmo irregular.
- Execução rítmica a partir do movimento corporal.

Objetivos

- Perceber a **regularidade**, fundamental para a apreensão da noção de pulsação a partir da observação da própria respiração.
- Praticar o ritmo irregular, pela intuição, ou seja, sem determinação de compasso, a partir da transformação paulatina das respirações em palmas, e pela improvisação.
- Explorar diferentes dinâmicas da respiração, como forte, fraca, lenta, "viva", rápida, "mole" etc. (ouvir), e responder dentro do mesmo espírito (executar).
- Reconhecer e imitar diferentes dinâmicas da respiração.

Disposição dos participantes: em pé, formando um círculo.

Descrição do jogo

Um primeiro participante no círculo faz o movimento de inspirar de maneira clara e visível. Todos devem acompanhá-lo com o olhar. Tão logo tenha terminado, o segundo, à sua direita, complementa o ciclo com a ação de expirar. O terceiro, por sua vez, novamente inspira, o quarto expira, e assim se cria uma continuidade de inspirações e expirações.

---

16. Pulsação: também chamada de *tempo da música*, é o "pulso subjacente à música" (Sadie, 1994, p. 939). Por exemplo, quando, ao ouvir uma música, a acompanhamos com batidas regulares dos pés – ato que fazemos, normalmente, de maneira intuitiva –, estamos batendo a pulsação dessa música.

Variações

- Um primeiro aluno inspira e o seguinte, posicionado no seu lado direito, ao invés de expirar, bate palmas como se este ato fosse a expiração de resposta. O bater palmas deve seguir a dinâmica da inspiração de seu colega. Ou seja, se a inspiração for forte, expira-se igualmente forte; se a inspiração for curta, faz-se a expiração curta.
- O primeiro bate palmas no lugar da inspiração, mas dando a entender que seria uma inspiração, e o seguinte responde também com palmas, como se fosse a expiração, e assim por diante, formando um diálogo contínuo, com diferentes dinâmicas e nuances.

Observação

O importante, desde o início do exercício, é que se mantenha a regularidade, como uma espécie de pulsação. É preciso evitar interrupções no meio da sequência para não desconcentrar os participantes. Normalmente, quando seguido com atenção, este jogo cria um clima de muita tranquilidade, relaxamento e concentração. Na maioria das vezes, o gesto intuitivo que surge a partir das palmas que fazem a inspiração segue um caminho de baixo para cima, e o de expiração, de cima para baixo.

Orientar as pessoas para que modifiquem a dinâmica das inspirações (rápida, curta, com interrupções regulares ou irregulares, forte, fraca etc.) em cada participação para, assim, trabalhar com diferentes nuances sonoras.

17. MELLO, Chico. **Upitu**. Curitiba: [s.n.], 1987. 1 CD. Música disponível em: <http://www.myspace.com/chicomello>.

18. Glissando: "vem da palavra francesa *glisser*, que significa deslizar. Em música, trata-se de um efeito em que são tocadas várias notas em sequência de maneira muito rápida, 'deslizando' sobre elas." (Zagonel, 2008, p. 154).

Música para ouvir

- *Upitu*[17], de Chico Mello.

Sobre a obra musical

Esta peça é para flauta transversa solo e usa uma variedade enorme de sonoridades conseguidas com o instrumento tocado de maneira não convencional. Sons feitos com as chaves da flauta, tirando-se o bocal, desmembrando-se a flauta em pedaços, e mesmo com a utilização da voz do executante, fazem dela um verdadeiro repertório de sons inusitados. Ao ouvi-la, temos a impressão de que é tocada por vários instrumentos, tamanha a diversidade sonora, de um caráter que lembra a música indígena brasileira.

No seu desenrolar há algumas partes ritmadas, outras com *glissandos*[18], e são usados muitos sons de respiração produzidos vocalmente, com ou sem o uso do instrumento. Somente ao final há uma curta linha melódica feita com o som tradicional da flauta.

Relação com os jogos

Upitu vem como uma ilustração perfeita, pois, assim como os exercícios propostos anteriormente, a peça mostra uma grande diversidade de material sonoro proveniente de pesquisa realizada pelo compositor com a flauta, bem como o uso da respiração como um elemento musical expressivo.

Sua partitura é repleta de grafismos, com sinais inventados pelo compositor e descritos em uma espécie de bula que detalha cada tipo de som a ser feito, bem como de que maneira ele pode ser conseguido pelo executante. Apesar de aparecerem algumas figuras rítmicas, estas não vêm com todas as características da notação tradicional. É uma partitura que, devido a suas características gráficas e aos tipos de sinais utilizados, pode ser lida mesmo por pessoas sem conhecimento da teoria musical. Ela aparece aos olhos do leitor como um desenho dos sons em sequência, da mesma forma como os desenvolvidos pelos jogos criativos descritos.

Observe que, na partitura *Upitu*, Chico Mello utiliza novos sinais para escrever os sons a serem tocados pela flauta. Não é usada a pauta de cinco linhas com as notas, sendo os sinais dispostos mais livremente dentro de um determinado espaço. É convencionado, no entanto, que os sons colocados na parte superior do quadrado são os mais agudos, e os que estão mais embaixo devem ser mais graves. "O grafismo descreve o movimento sonoro tal qual ele se desenvolve no tempo e no espaço" (Zagonel, 1992a, p. 146). Também a questão rítmica é tratada diferentemente. Em vez de usar compassos para marcar o tempo e o ritmo, é a marcação em segundos que dá os parâmetros de duração. Sem a pretensão de sermos precisos, esse tipo de partitura age mais como um roteiro para o intérprete e necessita, quase sempre, de explicações adicionais para que ele saiba como tocar ou cantar.

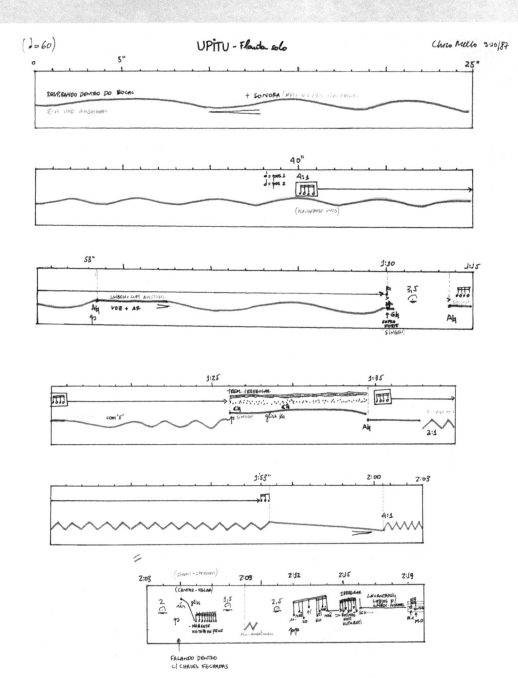

Figura 10 – Partitura de *Upitu* Fonte: Mello, 1987, p. 1-2.

Quando um compositor usa sons diferentes das notas, as quais já têm todo um código consagrado, ele obriga-se a inventar novos sinais para escrevê-los. Por isso, é comum fazer uma espécie de bula ou legenda explicativa de cada um dos sinais usados e de como eles devem ser interpretados musicalmente. É o caso da peça *Upitu*, de Chico Mello, conforme se pode apreciar a seguir.

1. Inspirar e expirar no bocal ("legato").

2. Inspirar e expirar, alternando as posições 1 e 2 em pulso de semicolcheias.

3. Respirar e em seguida cantar as notas indicadas. A transição deve ser quase imperceptível.

4. Cantar abrindo e fechando as chaves de forma rápida e irregular.

5. Respirar em colcheias (2:1) e semicolcheias (4:1).

6. Tremolo rápido e contínuo com as mãos direita e esquerda.

7. Cantar a nota mais aguda possível (sem falsete), alternando as posições 1 e 2.

8. Respirar. Ao inspirar e/ou expirar emitir som com a voz.

9. Respirar metricamente e a cada expiração executar o tremolo com acento (indicado pela linha mais grossa à expiração). Em seguida, abrir e fechar as chaves de forma irregular sem produzir notas convencionais (apenas ruído de chaves).

10. Pronunciar as sílabas indicadas com *glissandos* de pequenos intervalos seguindo aproximadamente as alturas indicadas, ora no bocal (A) ora no corpo da flauta (B).

11. *Glissando* (no máximo de uma terça maior) com a sílaba correspondente até o tremolo de respiração produzindo timbres diferentes através da movimentação da língua. Em seguida produzir, sem interrupção, uma nota no bocal fechado com a palma da mão.

12. Inspirar rapidamente e em seguida falar "Upitu". Com a última sílaba ("tu") executar um *glissando* com a voz (máximo de uma terça maior) e continuar com respiração.

13. Produzir som somente no bocal fechado com a mão. Em seguida, a mão é rapidamente afastada mudando, como indicado, a altura do som e a flauta é removida da boca para que a palma da mão possa percutir a abertura (indicado com um "x").

14. Tremolo irregular com as chaves e ao mesmo tempo cantar "para dentro" (nota mais grave possível).

15. Percutir as chaves em pulso de semicolcheias, improvisadamente, produzindo variações de altura (eventualmente reforçar discretamente o som percutido das chaves produzindo "tk tk …" com a língua).

Figura 11 – Legenda da partitura de *Upitu* Fonte: Mello, 1987, p. 1-2.

Atividades e conteúdos musicais

Serão trabalhados os seguintes elementos constituintes da música:

- Altura do som: grave/agudo.
- Trama sonora.
- O movimento corporal.

Objetivos

- Perceber a relação que existe entre a altura do som (grave/agudo) e o movimento corporal como uma forma de concretizar a apreensão desta noção.
- Desenvolver a atenção, o controle e a independência da emissão vocal ao ouvir notas diferentes.
- Fazer emergir uma trama sonora a partir da movimentação corporal com emissão vocal e, com esta ação, interagir modificando o seu colorido.

Descrição do jogo

Cada participante emite uma nota qualquer, longa e contínua, sobre uma letra que pode ser "ó", por exemplo. Aos poucos, movimenta o corpo, espontaneamente, para cima e para baixo, sem sair do lugar, em qualquer velocidade. Conforme o movimento corporal, a nota vai caminhando mais para o agudo ou mais para o grave, ou seja, o corpo que se dobra da posição ereta em direção ao chão deve emitir um som que vai do agudo para o grave.

Disposição dos participantes: em pé, espalhados livremente pela sala.

Variação

Estabelecer os tipos de movimentos corporais antecipadamente, como se fossem coreografados, para que, ao serem realizados pelo grupo, formem espécies de ondas, tanto no aspecto visual quanto no auditivo.

Jogo 16
Sobe e desce

Observação

É importante que os participantes escutem a si e aos outros e prestem muita atenção no resultado sonoro para poderem interagir e formar tramas sonoras com alturas diferentes. O que deve ser evitado é que, aos poucos, o grupo comece a aproximar as alturas das notas e virar em uníssono.

Atividades e conteúdos musicais

Serão trabalhados os seguintes elementos constituintes da música:

- Intensidade: **crescendo** e **decrescendo**[19].
- Altura.
- Duração.

Objetivos

- Praticar a emissão vocal com variações de intensidade a partir da movimentação corporal.
- Articular as variações de intensidade, altura e duração, em separado e conjuntamente.

Disposição dos participantes: em pé, espalhados pela sala.

Descrição do jogo

Dividir a sala em duas partes com uma linha imaginária e estabelecer que um lado dela será para o grupo /**ppp**[20]/ e, o outro, para o /**fff** [21]/. Os participantes andam pela sala livremente, de um lado para outro, cada qual fazendo seu próprio caminho, na velocidade que desejar, emitindo sempre o mesmo som, mas modificando sua intensidade conforme se aproxima do território do **pianíssimo** ou do **fortíssimo**. Os sons emitidos podem ser as diferentes vogais ou, ainda, consoantes que permitem uma emissão prolongada como /**s, m, r**/.

Variação

Repetir o jogo, unindo os dois movimentos de sobe-desce, descrito anteriormente, e de ir-vir, com seus sons correspondentes.

Jogo 17
Vai e vem

---

19. *Crescendo e decrescendo*: usam-se essas expressões, do italiano, para se referir ao aumento ou diminuição de intensidade de um som, quando esta alteração se faz de maneira paulatina. Crescendo: o som que começa fraco e vai aumentando para o forte. Decrescendo: o som que começa forte e vai diminuindo para o fraco.

20. *ppp*: sinal usado para designar o pianíssimo, que é a indicação de intensidade muito fraca.

21. *fff*: sinal usado para designar o fortíssimo, que é a indicação de intensidade muito forte.

Observação

Essa união de elementos proposta na variação é bastante difícil, pois depende não só de uma escuta atenta, mas também de uma coordenação entre os movimentos corporais e a emissão vocal.

Atividades e conteúdos musicais

Serão trabalhados os seguintes elementos constituintes da música:
- Intensidade: crescendo e decrescendo.
- Variação de densidade[22]: maior ou menor quantidade de sons aglomerados.

Objetivos
- Praticar a emissão vocal com nuanças de intensidade em crescendo e decrescendo.
- Perceber, pela prática, a noção de densidade e rarefação: do menos denso (grupo espalhado, com participantes distantes uns dos outros) ao mais denso (participantes mais próximos uns dos outros).

Disposição dos participantes: andando livremente pela sala.

Jogo Ímã 18

Descrição do jogo

Os participantes estão espalhados pela sala, andando devagar, e começam a emitir um som qualquer, de maneira espaçada, com intervalos. Aos poucos, e espontaneamente, todos vão se aproximando do centro e, quanto mais se juntam, mais longos vão ficando os sons emitidos, ou seja, quanto mais denso o aglomerado de pessoas, mais densa também fica a massa sonora.

Variação

Iniciar a emissão com o som de uma letra qualquer em /fff/ e transformá-la aos poucos até chegar em um som chiado de /sss/ ou /ch/ em /ppp/.

---

22. Densidade refere-se à quantidade de sons emitidos simultaneamente. Ela é expressa pela maior ou menor quantidade de elementos aglomerados (Zagonel, 2008, p. 153).

Observação

A aproximação dos participantes ao centro deve ser feita de maneira espontânea, sem que ninguém coordene, pela palavra, a velocidade do caminhar. Todos devem sentir o ambiente, sentir-se uns aos outros, e, a partir dessa percepção, agir em conjunto.

Atividades e conteúdos musicais

Serão trabalhados os seguintes elementos constituintes da música:
- Contraste som/silêncio.
- Densidade sonora.
- Representação gráfica do silêncio.
- Partituras com som/silêncio.

Objetivos

- Introduzir a noção de densidade e rarefação sonoras.
- Perceber a presença do silêncio, em maior ou menor quantidade.
- Relacionar a criação de partitura com um componente importante que é a representação gráfica do silêncio.

Jogo 19
Som atrás

Disposição dos participantes: sentados no chão, em círculo.
Recursos necessários: cartolina ou folha de papel e lápis.

Descrição do jogo

Um participante (A) fica em pé e vai circundando a roda pelo lado de fora com um instrumento na mão. Em um determinado momento, para de andar e toca o seu instrumento atrás de um dos colegas (B), que está sentado. Este (B) se levanta e ganha o instrumento de (A), que se senta e toma o seu lugar. O participante (B) começa a caminhar até parar num próximo, tocar seu instrumento atrás dele, e assim por diante. Aos poucos, no decorrer do jogo, vão sendo introduzidos outros instrumentos até que quase todos estejam em pé, tocando.

Em seguida, cada participante escreve no papel o que aconteceu sonoramente no jogo, como se fosse uma partitura. A descrição tratará de como a atividade inicia com poucos sons e muitos silêncios e, aos poucos, como aumenta a quantidade de sons, simultâneos ou não, e diminui a quantidade de silêncios. Assim, observa-se que a densidade sonora aumenta com o desenrolar da atividade.

Variações

- Ao contrário do que foi proposto anteriormente, tocar continuamente o instrumento enquanto anda por fora do círculo. Ao se colocar atrás de um integrante da roda, parar de tocar. Na sequência, escrever na partitura o que ocorreu, com sons contínuos e silêncios esporádicos, como também com a entrada de novos instrumentos em polifonia.
- Executar as partituras com instrumentos ou com vozes.

Observação

Podem ser usados pequenos instrumentos de percussão como guizos, pandeiros, reco-recos etc., objetos sonoros que já tenham sido manuseados por todos, ou ainda, os instrumentos que os participantes estejam eventualmente estudando.

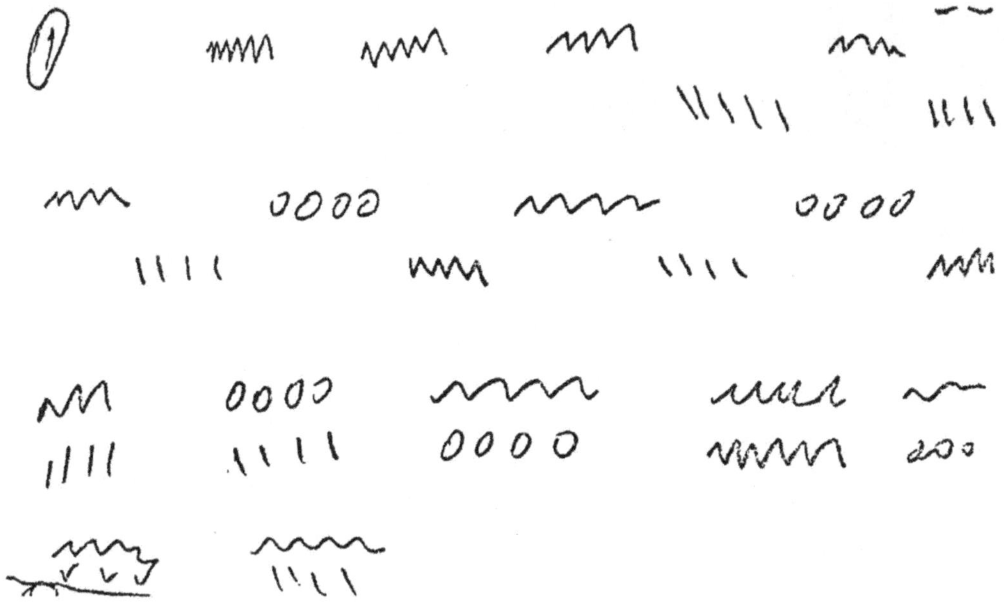

Figura 12 – Jogo do *Som atrás*

Música para ouvir

- *Phù Dông*[23], de Nguyen Thiên Dao.

Relação com os jogos

Phù Dông, do compositor Nguyen Thiên (1940) traz as mesmas características do jogo *Som atrás*, em que o silêncio vai, aos poucos, sendo preenchido por sons de diferentes timbres e intensidades. O silêncio é valorizado e visto como uma parte integrante do som.

Sobre a obra musical

Essa peça, com duração aproximada de 14 minutos, é repleta de silêncios, usados de maneira expressiva e não apenas como elemento de articulação. Ela é inciada com pequenas intervenções sonoras no silêncio e vai aumentando a densidade com a entrada de outros instrumentos.

23. DAO, Nguyen Thiên. Phù Dông. In: _____ **Bà Me Viêtnam/Phù Dông/Gió Dông** France: Erato, 1973. 1 disco. Lado A.

Jogo 20
Marionetes

Atividades e conteúdos musicais

Serão trabalhados os seguintes elementos constituintes da música:
- Direção e movimento do som.

Objetivos

- Realizar um movimento corporal a partir do som, enquanto se percebe a sua direção (de onde ele vem) e seu movimento no espaço.
- Desenvolver a prontidão para atender com o corpo, rapidamente, as ordens dadas pelo som.

Disposição dos participantes: em pé, em duplas.

Descrição do jogo

Uma das pessoas da dupla fica parada em pé como se fosse um boneco de marionete, que se movimenta por fios. A outra, com um instrumento na mão, começa a fazer sons perto de uma determinada parte do corpo de seu companheiro, sugerindo, assim, que ele movimente a parte do corpo em questão, seguindo o instrumento até parar o som. Se, por exemplo, o instrumento faz sons próximos ao cotovelo, o boneco vai movendo o cotovelo como se este estivesse preso a um fio que o liga ao instrumento e interrompe o movimento somente quando não houver mais som. Em seguida, trocam-se os papéis.

Observação

Os sons feitos pelos instrumentos devem ser contínuos, para que o boneco possa segui-lo. Se for feito apenas um som curto na parte do corpo escolhida, o boneco não terá tempo de se movimentar e segui-lo.

Atividades e conteúdos musicais

Serão trabalhados os seguintes elementos constituintes da música:
- Movimento sonoro de alturas (glissandos do grave para o agudo e vice-versa).
- Partitura.

Objetivo

- Exercitar a leitura e a emissão de sons em movimento em várias vozes.

Disposição dos participantes: livre e, depois, em grupos.

Descrição do jogo

O orientador sopra em um apito, imitando o vento, e os participantes desenham o som ouvido no papel. Em seguida, sopra em outro apito com som diferente do primeiro, para que eles desenhem esse som com outra cor no mesmo papel. Da mesma forma, a atividade vai se desenrolando com um terceiro tipo de apito, um quarto, e assim por diante. No final, tem-se uma partitura colorida, com diferentes "caminhos" de som dos ventos. Em grupos, os participantes escolhem uma de suas partituras para interpretar. Cada um escolhe uma linha para seguir e cantar. Todos ao mesmo tempo iniciam a interpretação, sendo que cada qual canta a sua linha.

Observação

Este exercício é parecido com o antecedente, mas agora ele ganha uma partitura e sonoridades diferentes.

Jogo 21
Ventos coloridos

Variações

- Em vez do apito, cantar diferentes notas e, enquanto são cantadas as linhas dos ventos, fazer com o corpo o movimento correspondente a seu trajeto.
- Variar com sons vocais: podem ser emitidas as outras vogais ou podem ser feitos sons anasalados ou guturais, e assim por diante.

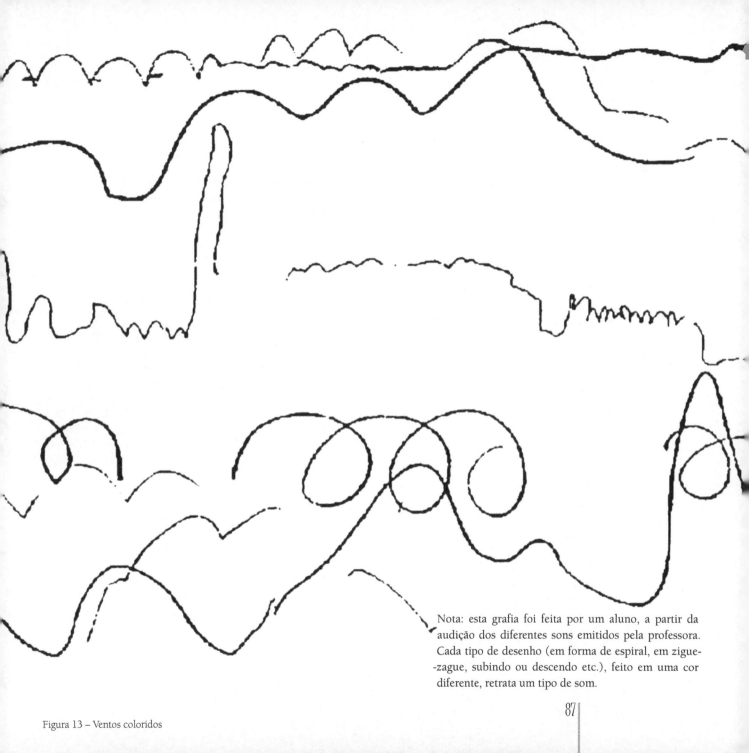

Nota: esta grafia foi feita por um aluno, a partir da audição dos diferentes sons emitidos pela professora. Cada tipo de desenho (em forma de espiral, em zigue-zague, subindo ou descendo etc.), feito em uma cor diferente, retrata um tipo de som.

Figura 13 – Ventos coloridos

Atividades e conteúdos musicais

Serão trabalhados os seguintes elementos constituintes da música:

- Trama sonora.
- Manutenção e sustentação na emissão de som vocal.

Objetivos

- Emitir uma nota e mantê-la na mesma altura.
- Desenvolver a prática da audição do grupo vocal do qual se faz parte.
- Coordenar a emissão vocal com a respiração.

Disposição dos participantes: de maneira relaxada e de olhos fechados, sentados com a coluna ereta e com as mãos sobre as pernas ou deitados no chão.

Descrição do jogo

Os participantes começam a prestar atenção na própria respiração. Após, são orientados a, ao expirar, soltar o ar emitindo uma nota qualquer, com a vogal "ó". Cada um deve cantar uma nota diferente, mas sempre a mesma, formando uma espécie de *cluster* ou, como chamamos aqui, de "nuvem sonora". Cuidar para que a respiração de cada um seja feita em tempos diferentes para não provocar silêncios, e sim para formar sempre uma grande nuvem de sons.

Variações

- Cada vez que soltar a respiração com a emissão de uma nota, fazê-lo mais e mais forte, até chegar ao fortíssimo, e, depois, ir decrescendo até o pianíssimo.
- Cantar novamente a trama sonora e, ao se aproximar do final da prática, colocar em volume baixo, ao fundo, um trecho da peça *Lux Aeterna*, de Ligeti (veja comentário a seguir), substituindo aos poucos as vozes dos participantes pela audição da música gravada. Em silêncio, continua-se a ouvir a peça, até que ela se acabe.

Comentário: a passagem da emissão vocal dos participantes para a audição da peça de Ligeti deve ser feita aos poucos. Enquanto as vozes vão decrescendo, a música vai aumentando o seu volume, mas quase sem se notar este caminhar. A sensação causada por este exercício é bastante prazerosa e leva também a um estado de grande relaxamento.

Observação

É importante que cada um ouça não só o seu próprio som, mas o resultado vocal do grupo todo, para que se possa interagir emitindo sons diferentes. Quanto maior a quantidade de notas diferentes entre si, mais rico e interessante será o resultado sonoro, sendo possível, então, formar essa espécie de nuvem de sons.

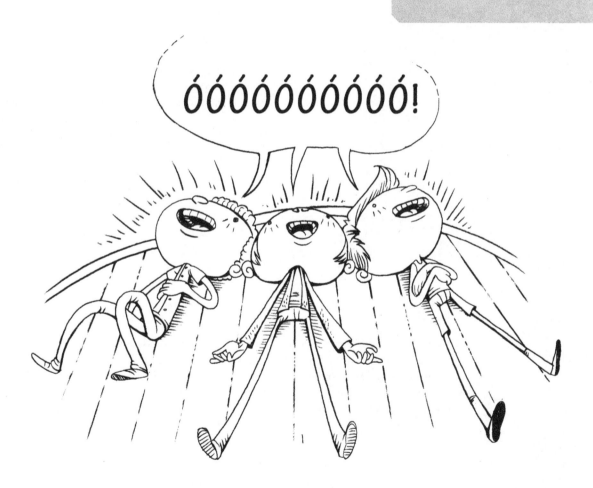

Música para ouvir

- *Lux Aeterna*[24], de Ligeti.

Sobre a obra musical

Esta peça contém formas harmônicas que vão se encadeando umas nas outras, dando a impressão de um grande contínuo sonoro, uma massa de sons. Enquanto o som de algumas vozes vai desaparecendo, o de outras começa a aparecer e, assim, a música se desenrola. A impressão que o ouvinte tem é de um som sem ritmo nem articulação, que simplesmente flui no tempo e no espaço como uma luz eterna.

Parte dessa obra foi usada por Stanley Kubrik (1928-1999) no filme *2001: Uma odisseia no espaço*, o que a tornou conhecida no mundo todo.

24. LIGETI, György. **Lux Aeterna**. Guy Reibel; Groupe Vocal de France. França: EMI, 1990.

Relação com os jogos

Lux Aeterna, de Ligeti, ilustra e exemplifica muito bem o trabalho feito no exercício proposto. Em ambos os casos tem-se um resultado semelhante a um contínuo sonoro, em que a trama se faz e vai sofrendo pequenas alterações harmônicas no decorrer de sua realização, sendo a voz humana o instrumento usado.

Música para ouvir

- *Stimmung (singcircle version)*, de Stockhausen[25].

Sobre a obra musical

Esta peça, composta em 1968 por Karlheinz Stockhausen (1928-2007), é dividida em partes, sendo que cada uma se desenvolve com base em um modelo melódico que é repetido inúmeras vezes, criando uma trama sonora contínua. São notas longas que vão se superpondo, com pequenas variações. De vez em quando, são ditas algumas "palavras mágicas", segundo afirmações do próprio Stockhausen. A palavra *Stimmung* tem vários significados na língua alemã. Pode significar "afinação", mas também "estar em consonância com", sendo que *Die Stimme* quer dizer "voz".

Stimmung lembra os cantos dos monges tibetanos, que permanecem longo tempo sobre uma nota só, num registro extremamente grave. Por isso, sugere-se também a escuta de um exemplo destes para que seja possível promover a comparação e ampliar ainda mais as percepções.

Relação com os jogos

A relação se faz principalmente pela semelhança existente entre o resultado sonoro provocado pelos exercícios e pela música ouvida, no sentido da continuidade e do prolongamento das tramas sonoras. Evidentemente, os jogos feitos em sala são improvisados e resultam de uma experiência musical espontânea, enquanto que *Stimmung* é uma obra musical muito bem elaborada e de alta qualidade técnica. Por isso, é importante ouvi-la.

25. STOCKHAUSEN, Karlheinz. **Stimmung (singcircle version)**. Solistas: Suzanne Flowers, Penelope Wansley-Clark, Nancy Long, Rogers Covey-cruump, Gregory Rose, Paul Hillier; regência: Gregory Rose. Londres: Hyperion records, 1986. 1 CD.

6 [JOGOS MUSICAIS: materiais, texturas e formas em partituras

música contemporânea aumentou as possibilidades sonoras ao infinito, de modo que todo som pode ser usado para fazer música. Consequentemente, também ampliou as formas de escrita. Nesta seção há exemplos de jogos a serem feitos com inúmeros materiais, nos quais é feita a tentativa de uma relação entre o gesto e os sons, ou a textura do material com o som que ela pode sugerir. Os jogos sugerem não somente a manipulação dos materiais para se obter sons variados e se chegar à composição, mas também a concretização dos sons pela sua visualização, como uma outra maneira de se "escrever" música. O papel, por exemplo, será usado não mais unicamente para escrever, mas como fonte sonora, a partir de gestos como amassar, balançar, rasgar etc. Aborda-se uma escrita que sai da linearidade, para ganhar uma terceira dimensão em volume ou em textura.

Jogo 23
O som do gesto

Atividades e conteúdos musicais

Serão trabalhados os seguintes elementos ligados à exploração sonora e à composição musical:

- Relação gesto/som.
- Diferentes formas de produção sonora.
- Criação musical.
- Escrita musical.

Objetivos

- Perceber a relação íntima existente entre o gesto que produz o som e o resultado provocado.
- Analisar diferentes maneiras de interpretação de um mesmo texto musical.
- Desenvolver a prática da criação musical e da escrita.

Disposição dos participantes: em grupos, dispostos livremente.

Descrição do jogo

Cada participante escolhe um objeto ou instrumento para pesquisar, e então apresenta aos outros as várias maneiras que encontrou de tocá-lo. Em seguida, todos elaboram juntos uma lista de gestos que podem ser efetuados para a produção de sons: agitar, raspar, bater, rolar, beliscar, sacudir, aspirar, soprar etc. O participante deve, agora, experimentar, no seu objeto ou instrumento, todos os gestos listados para descobrir que tipos de sons produzem. Então, inventar uma grafia para esses sons e organizar uma partitura. Após, a turma deve ser dividida em grupos de cinco, permitindo que cada um interprete a partitura à sua maneira. Ao final, os grupos apresentam suas interpretações aos outros e discutem o resultado.

Observação

Este jogo contempla todo o processo de criação de uma peça musical, iniciando pela pesquisa dos sons, passando pela elaboração de sinais gráficos e pela criação da partitura, chegando então à *performance*, com a apresentação final. Por isso, ele é bastante completo e requer, para sua realização, certa prática anterior de criação musical.

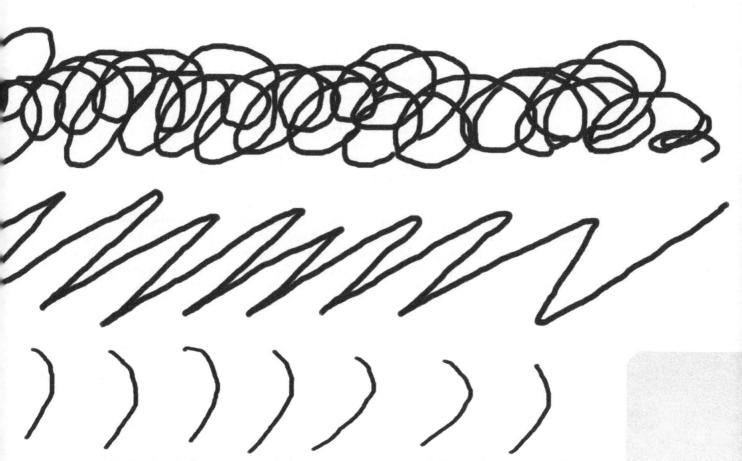

Figura 14 – Desenho feito por um grupo de alunos para representar o som vindo do gesto de amassar, raspar e bater

Jogo 24
Música dos papéis

26. Aconselha-se usar diferentes tipos de papéis como sulfite, celofane etc., para se obter sonoridades diversas.

Atividades e conteúdos musicais

Serão trabalhados os seguintes elementos ligados à exploração sonora, criação e interpretação musical:

- Relação gesto/som.
- Qualidades sonoras: intensidade e andamento.
- Escrita musical.

Objetivos

- Estimular a exploração de sons provenientes do papel, um rico material sonoro.
- Continuar o trabalho de conscientização da implicação dos tipos de gesto no resultado sonoro.
- Exercitar o controle do gesto, no qual os modos de toque determinam diferentes sonoridades.
- Intensificar o trabalho de nuanças de qualidades sonoras como intensidade e andamento.
- Exercitar a interpretação e leitura musical.
- Desenvolver a prática da criação musical e da escrita.

Disposição dos participantes: livre.

Recursos necessários: cartolina ou folha de papel[26] e lápis.

Descrição do jogo

Cada participante pode segurar um pedaço de papel nas mãos e fazer diferentes tipos de gesto, observando o resultado sonoro obtido em cada movimentação: gestos de raspar, amassar, bater, esfregar, dobrar etc. Logo após, em grupo, inventa-se uma notação gráfica para cada som obtido dos papéis ou para alguns deles de acordo com a decisão do grupo. Escolher alguns dos desenhos dos sons para criar uma sequência sonora e, então, com eles, montar uma partitura no quadro, somente, com a participação de todos, da seguinte maneira: desenhar vários grandes círculos espalhados pelo quadro, como se fossem ilhas, e dentro de cada um colocar um dos desenhos representativos de cada som escolhido. Os círculos devem ser ligados por formas semelhantes a tubos, aleatoriamente, como se fossem criados caminhos entre eles, dentro dos quais também se poderá colocar algum tipo de grafia representando outros sons.

Para fazer a interpretação musical da partitura, que foi organizada por todos, pode ser escolhido um regente, que guiará os "intérpretes" apontando com sua mão o círculo a ser "tocado" com os respectivos sons dos papéis. Para ir de um círculo para outro, é necessário passar pelos tubos de ligação, sendo que é possível determinar um tipo de som diferente para ser feito nesses momentos, como, por exemplo, bater os pés no chão rapidamente, fazer silêncio etc. Observe-se que, nesse caso, a partitura não é construída e nem deve ser lida de maneira convencional – da esquerda para a direita e de cima para baixo –, mas de maneira aleatória no espaço, conforme orientação do regente.

Variações

- O mesmo exercício pode ser interpretado usando-se a voz para imitar o som dos papéis.
- Substituir os papéis por instrumentos de percussão cujos tipos de sons se assemelhem aos originais, fazendo-se as comparações entre eles.

Observação

Na regência dos círculos a serem executados, é aconselhável que sejam dadas indicações, pelo gesto do regente, de diferentes dinâmicas (forte, fraco, crescendo, decrescendo) ou de velocidade (mais ou menos rápido).

Atividades e conteúdos musicais

Serão trabalhados os seguintes elementos ligados à exploração sonora:
- Timbre.
- Formas sonoras.

Objetivos

- Concretizar diversas formas sonoras por meio do recorte de papéis, indo da representação bidimensional de linhas desenhadas para a representação tridimensional, com volume no espaço, sendo outra maneira de se "ver" o som.
- Descobrir novas maneiras de manipulação sonora.
- Desenvolver a criação musical.

Disposição dos participantes: livre, espalhados pela sala.

Recursos necessários: copo de plástico, cartolina ou folha de papel, tesoura e lápis.

Descrição do jogo

Cada participante recebe um copinho de plástico, uma folha de papel ou um pedaço de cartolina e uma tesoura, devendo imaginar e emitir um som qualquer e, em seguida, representá-lo não graficamente, mas por uma tira de papel que recorta na forma imaginada. Esta tira é colada dentro do pote, como se ela saísse de lá, ou seja, como se aquele som fosse gerado dentro do pote e dele emergisse, ocupando o espaço externo. Então, cada um apresenta aos outros o que elaborou, emitindo o som correspondente ao papel recortado enquanto vai tirando-o de dentro da caixa. Em seguida, alguns sons podem ser escolhidos para se montar uma música com eles, como se fosse uma partitura, para ser interpretada por todos.

Observação

Ao montar a partitura, as tiras podem ser tiradas de dentro dos copinhos para facilitar a compreensão. Sugere-se que sejam usados elementos de dinâmica, sobreposição de sons, silêncio com intenção de aumentar a expressividade e outras noções musicais.

Atividades e conteúdos musicais

Serão trabalhados os seguintes elementos ligados à exploração e composição musical:
- Timbre.
- Contrastes sonoros.
- Notação de intensidade sonora.
- Escrita de partitura.

Objetivos
- Inventar sequências musicais a partir de sons contrastantes emergidos da exploração de texturas de materiais.
- Organizar partituras e descobrir novos modos de notação de nuanças de intensidade.

Disposição dos participantes: em grupos, espalhados pela sala.

Recursos necessários: cartolina ou folha de papel, papelão, madeira, pedra, algodão, barbante, tecido, folhas, gravetos, tecidos, lixas etc.

Descrição do jogo

27. Se os participantes forem jovens ou adultos, cada grupo pode trabalhar de forma independente, mas, se forem crianças pequenas, todos podem fazer juntos uma mesma partitura, com a orientação, passo a passo do professor.

Para preparar esse trabalho, cada grupo procura[27] materiais com texturas diversas como algodão, folhas, gravetos, tecidos, lixas etc. Em seguida, todos sentem com o tato os diferentes materiais e imaginam a que tipo de som cada textura remete, reproduzindo esses sons vocalmente. Por exemplo, o som do algodão, que é macio, pode ser algo semelhante a um chiado **/chchchchch/**, enquanto uma lixa teria um som parecido com **/grrrr/**.

Escolhem-se, então, algumas das texturas com seus sons respectivos para organizar uma sequência musical. Monta-se a partitura com os objetos, que são colados uns aos lados dos outros, sobre uma cartolina. Isso quer dizer que, em lugar de se desenhar os sons, como foi feito nos outros exercícios, colam-se os objetos sobre o papel. Para finalizar, é feita a interpretação da partitura, vocalmente.

Jogo 26
Composição com texturas

Observação

A maneira de representação da intensidade (forte-fraco) pode ser inventada pelos próprios grupos conforme as necessidades sentidas por eles. Por exemplo: às vezes se dá mais volume ao material para dar a impressão de mais forte, ficando essas partes mais grossas; outras vezes o material é alargado no sentido vertical para representar o /f/ é estreitado para o /p/. O importante é que os participantes descubram sua própria maneira de representar os sons e suas nuanças.

Atividades e conteúdos musicais

Jogo 27
Contrastes

Serão trabalhados os seguintes elementos ligados à exploração e à composição musical:
- Contrastes de sons.
- Frases musicais (pergunta/resposta).
- Partitura.

Objetivos
- Transformar texturas de materiais em sons.
- Identificar contrastes de sons a partir das sensações tácteis obtidas com o manuseio das texturas de materiais.

Disposição dos participantes: livremente, em grupos.

Recursos necessários: papelão e papelão, madeira, pedra, algodão, barbante, tecido, folhas, gravetos, tecidos, lixas etc.

Descrição do jogo

Assim como foi feito no exercício anterior, os participantes têm em mãos vários tipos de materiais: papelão, madeira, pedra, algodão, barbante, tecido etc. Cada grupo escolhe aqueles com os quais deseja trabalhar e os explora pelo tato, ou seja, sente nas mãos o tipo de textura de cada um deles. Em seguida, tentam imaginar que som poderia corresponder aos diferentes tipos de textura. Então, agrupam-se os materiais, dois a dois, por contraste: liso-rugoso, duro-mole, macio-áspero etc. A partir disso, tenta-se reproduzir, com a voz, os sons equivalentes às sensações tácteis provocadas pelos materiais.

Escolhem-se, então, algumas duplas de sons contrastantes para organizar uma música. Os grupos recebem a orientação de criar pequenas frases musicais com as duplas de materiais contrastantes, sendo a "pergunta" feita com um tipo de material (exemplo: liso), e a "resposta", com o seu contraste (exemplo: rugoso). Monta-se a partitura colando os materiais sobre um papelão e, depois, faz-se a interpretação musical da peça por meio da emissão vocal dos sons representados.

Observação

É importante desenvolver outros aspectos das sensações humanas, como o sentido do tato, tendo em vista que este pode levar a uma percepção e/ou imaginação sonora.

Este exercício prepara os participantes para o jogo *História em quadrinhos em música*, que propõe a criação musical com estes mesmos elementos.

Foto: Raphael Bernadelli

Figura 15 – Partitura dos contrastes

28. Forma musical: segundo o *Dicionário Grove de Música*, é "estrutura, formato ou princípio organizador da música. Tem a ver com a organização dos elementos em uma peça musical, para torná-la coerente ao ouvinte, que pode ser capaz de reconhecer, p. ex., um tema ouvido antes na mesma peça [...]" (Sadie, 1994, p. 337). Costumam ser usadas letras para identificar as partes da música. Assim, a forma AB, por exemplo, significa que a música tem duas partes diferentes, enquanto a forma ABA indica que a música tem uma parte A, seguida de outra B, que é diferente, e repete a parte A.

Jogo 28
História em quadrinhos em música

Atividades e conteúdos musicais

Serão trabalhados os seguintes elementos ligados à exploração e à composição musical:

- Forma musical[28].
- Sons onomatopeicos.
- Transformação de sons onomatopeicos em música.
- Partituras com desenhos.
- Intensidade.

Objetivos

- Explorar diferentes tipos de sons.
- Transformar sons onomatopeicos em música.
- Criar partituras não convencionais a partir de sinais de onomatopeia.

Disposição dos participantes: distribuídos em grupos, livremente, pela sala.

Recursos necessários: revistas em quadrinhos, canetas hidrocolor e papelão.

Descrição do jogo

Os participantes recortam, de revistas em quadrinhos, diversas expressões de onomatopeia, como, por exemplo: *tique-taque, atchim, chuá* etc. Com as figuras recortadas, cada grupo deve inventar uma música e criar uma partitura para ela, cujos sons serão feitos única e exclusivamente com as onomatopeias.

Antes, porém, cada grupo recebe uma indicação de forma musical simples que deve seguir para fazer a sua música. Por exemplo:

- forma AB;
- forma ABA;
- forma AABB;
- forma ABAA.

Uma vez elaborada a música de acordo com a forma musical dada, colam-se as figuras organizadas em partitura sobre um papelão para, então, ensaiar e apresentar aos outros. É possível colocar indicações de intensidade, que podem igualmente ser inventadas pelo grupo, para dar maior expressão à música resultante.

Variação

Em vez de colar as figuras recortadas sobre o papelão ou outro tipo de papel, é possível fazer o desenho de cada onomatopeia, guardando-se, no mais, os mesmos procedimentos do exercício.

Observação

Este exercício costuma ser muito prazeroso e agrada bastante aos profissionais das áreas de artes visuais. As partituras, além do fim musical, são também sempre muito bonitas. Quando há na turma pessoas com habilidade para desenho, as figuras recortadas podem ser substituídas por desenhos que representem as onomatopeias.

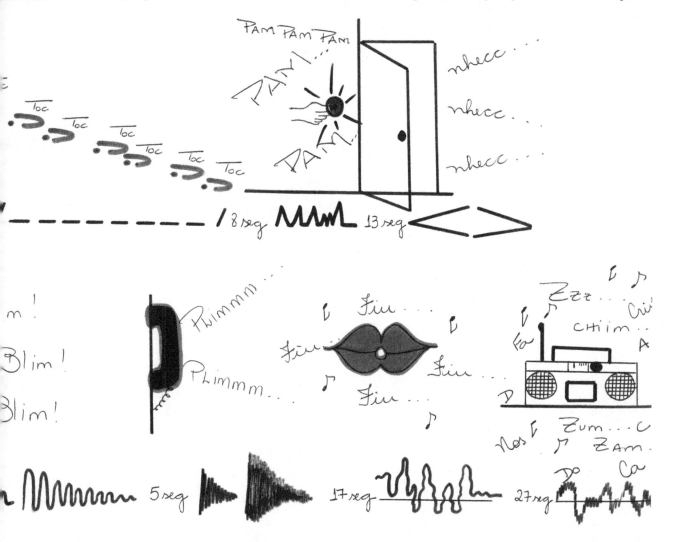

Figura 16 – Partitura de música em forma de história em quadrinhos criada por uma equipe de alunos

29. BERBERIAN, Cathy. Stripsody. In: _____. **MagnifiCathy**: the many voices of Cathy Berberian. Piano e cembalo: Bruno Canino. Mainz: Wergo, 1988. Faixa 11.

Música para ouvir
- *Stripsody*[29], de Berberian.

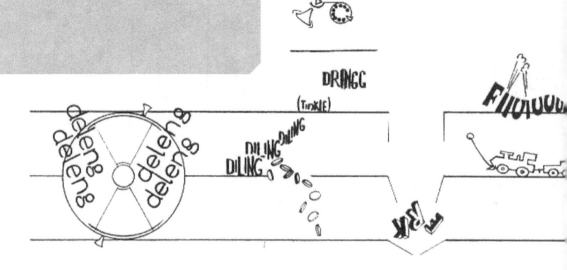

Sobre a obra musical

Composta pela cantora Cathy Berberian (1928-1983), é uma peça curta, muito bem humorada, divertida e interessante para ser trabalhada, seja com crianças, seja com adultos.

Stripsody[30] tem uma partitura toda feita com desenhos de onomatopeias, o que facilita sua leitura mesmo por pessoas que não têm conhecimento da teoria musical.

30. BERBERIAN, Cathy. **Stripsody**. New York: C. F. Peters, 1966. 16 p. Solo voice.

Relação com os jogos

Esta peça é o exemplo musical exato do exercício feito com as revistas de histórias em quadrinhos. No entanto, sugere-se que ela seja ouvida somente depois da realização dos jogos de criação, para que as pessoas não sejam influenciadas por suas ideias.

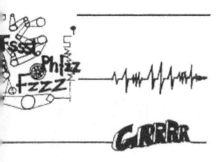
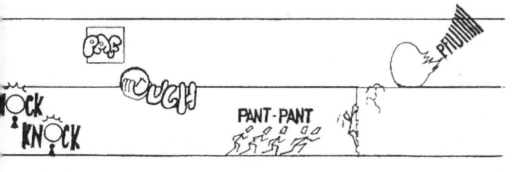

Figura 17 – Excerto da partitura de *Stripsody*   Fonte: Berberian, 1966, p. 4.

Atividades e conteúdos musicais

Serão trabalhados os seguintes elementos ligados à leitura, criação e à interpretação musical:

- Escrita musical.
- Interpretação musical.
- Partitura.

Objetivos

- Estimular a interpretação musical.
- Promover a discussão sobre partitura e as diferentes possibilidades de interpretação.

Disposição dos participantes: distribuídos pela sala em grupos de quatro ou cinco participantes.

Descrição do jogo

Em grupos, fazer a releitura da partitura de *Stripsody* apresentada anteriormente, ou seja, elaborar uma nova interpretação da peça a partir da partitura, usando não só a voz, mas também objetos sonoros. Cada grupo apresenta sua recriação aos outros e faz-se a análise dos resultados.

É importante esclarecer que a música escolhida para descrever esse exercício é somente um exemplo, sendo possível realizá-lo a partir de outras músicas de acordo com a escolha do professor. É preciso, no entanto, que as partituras sejam, de preferência, com grafismos e desenhos, e não com notas na pauta, pois isso dificultaria ou até impossibilitaria a sua compreensão.

Jogo 29
Uma outra mesma música

Variação

Acrescentar movimentos e encenação à releitura musical.

Observação

Esta peça é bastante teatral e sugere movimentos na sua execução, o que a torna ainda mais divertida. A partitura, vinda dos conhecidos desenhos de sons onomatopaicos desenvolvidos pelas revistas em quadrinhos, é peculiar e estimula a criação.

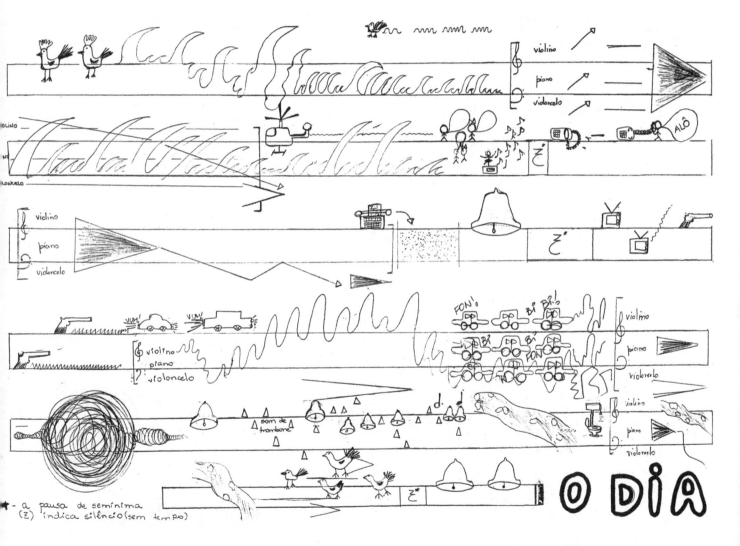

Figura 18 – Partitura *O dia*, feita por equipe de alunos, inspirada em *Stripsody*

Figura 19 – Partitura *Taroma le Facarooi* feita por equipe de alunos, inspirada em *Stripsody*

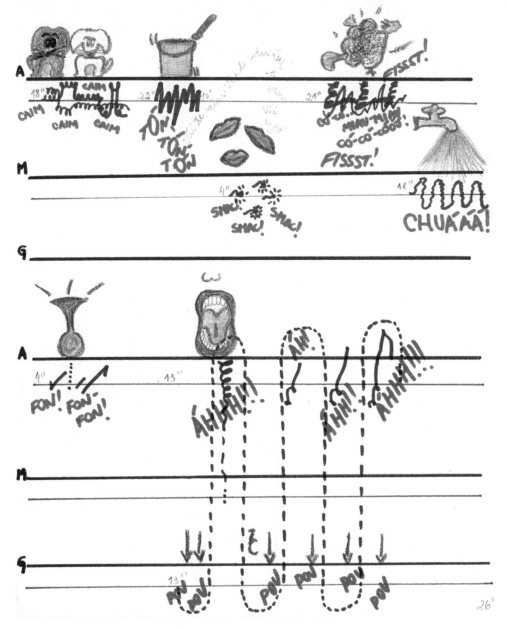

Figura 20 – Excerto de partitura (2), feita por equipe de alunos, inspirada em *Stripsody*

7 [JOGOS MUSICAIS: músicas que vêm de fora

s exercícios a seguir partem da observação e da escuta da paisagem sonora[31] que nos circunda, para transformar alguns desses sons, intencionalmente, em música. O mundo em que vivemos é e sempre foi repleto de sons, mas, como diz Schafer no livro *A afinação do mundo*, "a paisagem sonora do mundo está mudando" (2001, p. 17), e isso influencia a percepção do indivíduo e também interfere no tipo de música que se produz. É importante que se tome consciência dos sons que existem à nossa volta para podermos melhor trabalhar com eles. Até o século XIX, apenas as notas emitidas pelos instrumentos musicais ou pela voz eram consideradas um material sonoro apropriado para a criação de músicas. Porém, durante o século XX, os ruídos passaram a ser vistos como um grande potencial sonoro, possíveis de serem transformados em música. Atualmente, continua Schafer (2001, p. 17), "todos os sons fazem parte de um campo contínuo de possibilidade, que pertence ao domínio compreensivo da música. Eis a nova orquestra: o universo sonoro!".

Esse grupo de jogos é um exercício para desenvolver a percepção da paisagem sonora e propõe uma audição atenta dos sons existentes em nossa volta para, com eles, fazer música. Assim, os sons da cozinha de casa ou do jardim, por exemplo, poderão ser usados na criação musical.

Apenas para aguçar a percepção do indivíduo, o trabalho é iniciado promovendo a sensação de diferentes tipos de toque no corpo e sua imediata transformação em sons instrumentais. Faz-se a escuta detalhada e uma posterior anotação escrita da paisagem sonora ao nosso redor para, a partir desses sons, chegar à criação musical. Parte-se, em alguns desses casos, de procedimentos semelhantes ao da música eletro-acústica, que grava sons existentes para transformá-los em música.

31. O termo *paisagem sonora*, traduzido do inglês *soundscape*, foi inventado pelo compositor e pesquisador canadense Murray Schafer, a partir de seus estudos sobre o ambiente acústico no mundo. No seu livro *A afinação do mundo* (2001), ele apresenta com detalhes as pesquisas realizadas, fazendo a descrição e análise da paisagem sonora, abordando igualmente suas relações com a música.

Atividades e conteúdos musicais

Serão trabalhados os seguintes elementos ligados à exploração sonora e ao gesto musical:

- Relação gesto e som.
- Relação da intensidade de força do gesto *versus* intensidade sonora.

Objetivos

- Perceber a implicação do gesto no resultado sonoro: raspar, bater, tamborilar, deslizar etc.
- Imitar e reproduzir gestos a partir da sensação física.
- Perceber a relação da intensidade de força do gesto resultando na intensidade sonora.

Disposição dos participantes: sentados no chão, em duplas.

Descrição do jogo

Os participantes devem se posicionar, dois a dois, um de frente para as costas do outro. O de trás bate com as mãos nas costas do da frente, que deve reproduzir imediatamente o que sente em batidas num tambor que tem no colo, comunicando a todos a mensagem recebida. Depois, trocam-se as funções.

Jogo 30
Mensagens de tambor

Variação

Repetir o jogo, sendo que o da frente escreve no papel o que sente ("ouve") nas costas. Para terminar, ambos tocam em um instrumento aquilo que está escrito, comparando esse novo resultado sonoro com as intenções do primeiro executante.

Observação

Os gestos dos dois participantes, o de trás e o da frente, devem ser coincidentes, sendo mudado apenas o timbre. Esses gestos não precisam ser, necessariamente, só de batidas rítmicas, mas também podem ser de fricção, de esfregar, de arranhar etc. O importante é que se perceba o resultado sonoro em função do gesto. Quanto à variação, o participante da frente não escreve os valores rítmicos, mesmo que ele conheça sua grafia, mas os traços correspondentes aos gestos sentidos em suas costas. Exemplo: se um gesto foi da mão deslizando em linha contínua de cima para baixo, assim também será expresso o desenho, ou seja, um traço vertical.

Atividades e conteúdos musicais

Serão trabalhados os seguintes elementos ligados à exploração e à improvisação:

- Timbres.
- Modos de execução instrumental.
- Improvisação.

Jogo 31 — A floresta encantada

Objetivos

- Contextualizar, dentro da narrativa, diferentes timbres e modos de execução instrumental.
- Desenvolver a improvisação a partir de um estímulo que são as histórias.

Disposição dos participantes: sentados no chão, em círculo.

Variação

Vários participantes podem ir ao centro repetir essa mesma história ou inventar outra, enquanto os instrumentistas fazem a sonorização.

Observação

Este jogo é, na verdade, uma variante do chamado *conto sonoro*, mas que contém uma movimentação no espaço em que a história se passa. Outros elementos e personagens podem ser incluídos na narrativa, em função da disponibilidade de instrumentos e objetos sonoros, do número de participantes e da própria criatividade do professor.

Descrição do jogo

O orientador narra uma história e faz com que esta seja acompanhada de sons e movimentos. Os personagens são representados por objetos sonoros ou instrumentos musicais que o orientador, junto com os participantes, movimentam, para que emitam os diferentes sons.

A seguir, acompanhe uma sugestão de história, em que, por exemplo, as cobras são representadas por tubos de plástico que tenham alguma flexibilidade e cores diferentes, sendo seus sons feitos com maracas, guizos, reco-recos, pandeiro; o rio, uma cartolina azul com som feito com papel amassado; o vento, pode ser feito com apitos e sopros; a ponte, com uma cadeira ou banco; a areia, uma cartolina bege com som feito com conchas; a árvore pode ser desenhada em outra cartolina e o som para imitar pássaros ser feito por apitos ou assobios, sendo, os ventos, sopros; o campo, uma cartolina verde o qual pode ter o som de uma baqueta de feltro esfregando um prato.

Eu ia andando pela floresta quando encontrei uma cobra amarela (colocar o tubo plástico que a representa no centro da roda e movimentá-lo enquanto um participante toca uma **maraca** imitando seu barulho). *De repente surge uma cobra azul* (**guizo**) *e logo adiante encontro uma cobra vermelha* (**reco-reco**). *Vejo que as três cobras começam a conversar* (movimentar as três cobras enquanto participantes fazem o som correspondente a cada uma delas). *Até que delas se aproximou mais uma cobra, verde* (**pandeiro**), *e a conversa esquentou de vez.*

Um participante pode ir ao centro movimentar alternadamente as cobras enquanto os instrumentos tocam os sons correspondentes a elas e seus movimentos.

Continuei o meu caminho até chegar ao rio (papel amassado para imitar a água do rio e **sons de boca do tipo** *"glub, glub"*, para os peixes), *entrei dentro do rio e fui brincando com a água.* Neste *rio havia uma ponte onde batia muito vento* (**apitos** e **boca**). *Logo após a ponte encontrei lindas dunas de areia* (**conchinhas** batendo na mão) *e nelas brinquei até me cansar.*

(Um participante pode ir ao centro e movimentar todos os personagens, provocando a execução dos instrumentos em volta). *Seguindo meu passeio encontrei uma árvore* (**apitos** para os pássaros e **sopros** para imitar o barulho do vento), *e atrás dela havia um lindo campo muito verde* (**prato com baqueta de feltro**). *E aí fiquei por muito tempo a andar, correr e brincar.*

Jogo 32

Refazendo os sons da cidade

Atividades e conteúdos musicais

Serão trabalhados os seguintes elementos ligados à exploração sonora e à composição:

- Conceito de música.
- Reflexões sobre música.
- Ruído e música.

Objetivos

- Refletir sobre o que é música, seus conceitos tradicionais e os atuais.
- Discutir a posição do ruído na vida cotidiana e o seu uso na música.
- Estabelecer pontos de aproximação, definir concepções, estabelecer comparações entre a própria produção musical e os sons de origem (da cidade), sempre com vistas à reflexão do sentido musical, seus limites e abrangências.

Disposição dos participantes: primeiro sentados sozinhos e depois em grupos.

Recursos necessários: folha de papel e lápis.

Descrição do jogo

Todos devem estar em silêncio, com uma folha de papel na mão para escreverem. Ao ouvirem os ruídos que acontecem à sua volta (carros que passam, vozes, batidas, latidos etc.), vão escrevendo-os em forma de partitura gráfica, durante alguns minutos. Após, reúnem-se em grupos e comparam seus desenhos, a partir dos quais elaboram uma partitura musical e a sonorizam vocal ou instrumentalmente, reproduzindo os sons ouvidos à sua volta, mas agora com uma intenção musical, com nuanças, dinâmicas, sobreposição de sons etc. Cada grupo apresenta o resultado de seu trabalho aos outros para que sejam comparadas e analisadas quanto aos elementos musicais usados, a maneira como cada qual foi concebida etc.

> ### Música para ouvir
>
> *Estudo de estradas de ferro*[32], de Schaeffer.

32. SCHAEFFER, Pierre. Études aux chemins de fer. In: _____. L' oeuvre musicale. Paris: INA-GRM. 1 CD. Faixa 1. v. 1: Les incunables 1940-1950.

Relação com os jogos

A relação é bastante próxima, tendo em vista que, tanto no jogo descrito quanto na peça de Schaeffer, trabalha-se com a representação do real, na tentativa de transformar sons do meio ambiente em música. É uma conduta que, por um lado, exige ouvidos preparados, mas que também prepara os ouvidos e abre as percepções para diferentes formas de expressão musical.

Sobre a obra musical

Estudo de estradas de ferro faz parte dos cinco estudos que compuseram o *Concerto de ruídos*, que foi o primeiro concerto de música concreta, difundido pela Rádio Parisiense, em 5 de outubro de 1948. A música concreta partia da gravação de sons já existentes no mundo, para depois transformá-los em música por meio de aparelhos eletrônicos. Seu criador foi o francês Pierre Schaeffer (1949-1995).

Para esse concerto, Schaeffer preparou um texto apontando para a importância de se adotar os ruídos como material sonoro disponível para a criação musical.

Por se tratar de uma das primeiras composições de música concreta, tempo em que os equipamentos eram ainda bastante rudimentares se comparados aos que se tem atualmente, é possível discernir com certa facilidade a origem dos sons que aparecem no decorrer da música, entre eles, o de trem em marcha.

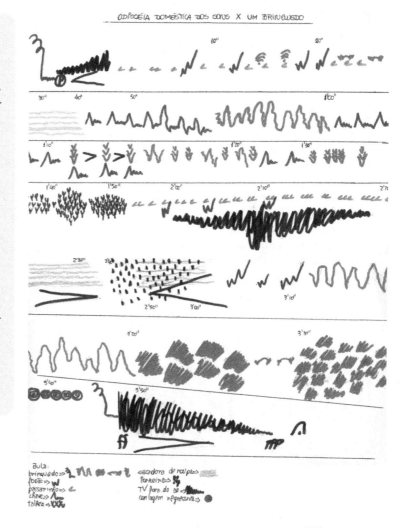

Figura 21 – Partitura *Odisseia doméstica dos sons × um brinquedo*, elaborada por um grupo de alunos

Atividades e conteúdos musicais

Serão trabalhados os seguintes elementos ligados à exploração e à composição musical:

- Silêncio.
- Percepção de sons naturais.
- Interpretação (sons vocais e instrumentais).
- Composição musical.
- Partitura com grafismos.

Objetivos

- Observar a natureza, tentando uma integração com ela.
- Perceber os sons que emergem da natureza, afinando a escuta para os sons mais delicados.
- Vivenciar o silêncio.
- Transformar sons naturais em sons vocais com intenções musicais.

Disposição dos participantes: em grupos.

Descrição do jogo

O orientador leva os participantes a um ambiente aberto, de preferência um bosque ou um jardim, para que ouçam o que acontece sonoramente nele. Tomam nota dos ruídos existentes, como o vento batendo nas árvores, o canto dos pássaros, o pisar na grama etc. Com esses elementos, fazem uma composição musical (imitando os sons vocal ou instrumentalmente) e elaboram partitura com grafismos.

Jogo 33 — Música que vem da natureza

Figura 22 – Partitura elaborada com base nos elementos da natureza
Fonte: Elaborada com base em Rivais, 1981.

Música para ouvir

Symphonie au bord d'un paysage[33], de Lejeune.

Observação

É necessário que os participantes se concentrem em silêncio para a percepção dos sons da natureza. A caminhada individual, cada um seguindo seu caminho nessa busca, é recomendável.

Sobre a obra musical

Esse exemplo de música eletroacústica tenta representar, melodiosamente, imagens provenientes da paisagem natural, da realidade. São alusões que o compositor faz a partir de alguns materiais sonoros que ele mesmo classificou em:

- Máquinas, ferramentas, mecanismos e ritmos aparentados;
- Sinos;
- Fanfarras e elementos melódicos derivados;
- Presença humana: vozes, passos, rumores etc.;
- Cantos e gritos de animais (pássaros, cães, galinhas, insetos etc.);
- Elementos: murmúrios, grãos, crepitação, sopros etc.

Relação com os jogos

Symphonie au bord d'un paysage é um bom exemplo de transformação, em música, de uma situação real, no caso, uma paisagem. Assim como nos três últimos jogos descritos, em que se propõe "sonorizar" a natureza e o ambiente em que se vive de modo espontâneo e improvisado, essa peça sugere a transformação dessa mesma natureza em música, de maneira elaborada e com alta qualidade técnica e musical.

33. LEJEUNE, Jacques. **Symphonie au bord d'un paysage**. France: Harmonia Mundi, 1981. 1 disco.

Comentário final

As ideias pedagógico-musicais desenvolvidas nas últimas décadas combinam dois aspectos: a **metodologia** do ensino de música e o **conteúdo** trabalhado.

Elas suscitam uma **mudança**, em que o importante reside em despertar habilidades e condutas no indivíduo, como também sensibilizá-lo para a música por meio do fazer e da criação. O enfoque, dado na pessoa, prevê não somente a aquisição de conhecimentos e o aprendizado de uma técnica, mas a **sensibilização à música** e ao crescimento pessoal por meio da expressão espontânea.

Essas propostas estão estruturadas em cima da música contemporânea, pois acredita-se que ela traz consigo elementos que facilitam o trabalho criativo, além de ser a estética musical da atualidade.

Antes de tudo, é necessário fazer nascer a música interiormente na pessoa, para depois se conhecer a teoria e a técnica. O desenvolvimento do gosto pela **descoberta do mundo sonoro** e pela pesquisa por meio do exercício cotidiano da exploração do som é fundamental. Busca-se não somente considerar as características inerentes aos alunos, mas **atender os seus desejos e interesses**, de modo a organizar o trabalho musical sobre eles.

O **estímulo à criação**, em todas as etapas do processo, é um ponto a ser considerado com primazia, a partir da utilização de jogos como meio pedagógico. O aspecto criativo e lúdico deve, assim, propiciar prazer em fazer música.

Igualmente se aponta como importante o hábito da **escuta consciente e crítica**, e que se estenda o repertório ouvido a todo tipo de expressão possível.

Quanto aos conteúdos abordados, é imprescindível **ampliar a visão e os conceitos** musicais com o estudo das dimensões do som em toda sua extensão, o trabalho com diferentes corpos sonoros, o uso, na medida do possível, de novas tecnologias, a invenção de grafismos, a importância do gesto na expressão musical, que sejam propiciadas reflexões sobre as atuais concepções de tempo, do silêncio, da melodia ou da forma e que se dê condições ao estudante do contato com todo tipo de repertório.

A metodologia aqui apresentada, de vários jogos baseados no gesto, no movimento corporal e na voz, e envolvendo a música contemporânea, é resultado **de reflexões e práticas** de acordo com as novas tendências pedagógicas que priorizam o trabalho criativo e a prática musical em todos os níveis da aprendizagem.

A criação e a utilização do gesto podem ser um meio de expressão, como também um modo de formar as bases do ensino da música, combinando vários fatores: **o jogo**, que é a estratégia e o meio para fazer música; **a prática de uma pesquisa constante** e da exploração do som em toda sua extensão; **o gesto**, como um parceiro da expressão vocal e/ou instrumental.

As ideias lançadas aqui não estão absolutamente fechadas em si. São, ao contrário, ponto de partida. O interessado em trabalhar pode, a partir destes jogos, inventar outros de acordo com seus propósitos e programas e fazer dessas atividades fonte de inspiração para o desenvolvimento de um trabalho amplo e rico em conteúdos.

Essa proposta não se vê como limitativa nem restritiva. Os jogos são indicados para fazer parte de um ensino musical amplo, que envolva tanto os novos elementos característicos da música contemporânea, como as noções da teoria musical tradicional, pois estas também constroem uma base importante para a formação do músico. O ideal é que essas sugestões **se adaptem e se contextualizem dentro do cotidiano do ensino da música**.

Ela tem como vantagem não se prender à rigidez, muitas vezes requerida pelo ensino da música tradicional, uma vez que se vive um processo de constante criação. Além disso, muitas das características da música contemporânea, como o trabalho com os ruídos, a notação por grafismos ou a liberdade formal, propiciam e facilitam a expressão espontânea da criança e, por conseguinte, a sua sensibilização.

Além do mais, esses jogos são viáveis para a realidade brasileira e não requerem a utilização de qualquer tipo de material sofisticado, de difícil aquisição. Ao contrário, trabalha-se com o corpo, com a voz, com pequenos objetos sonoros, com diversos materiais e papéis.

Por outro lado, exige-se do orientador sensibilidade e percepção. Assim, quanto maior a vivência musical e o domínio da técnica, maior será o desenvolvimento do potencial contido nos jogos. Ou seja, **o sucesso da aplicação dos jogos depende da capacidade do orientador em perceber seus fundamentos, saber transmitir, observar a reação dos participantes e aproveitar as respostas para interagir e ir além com o grupo, na busca de novos caminhos**.

Pelo fato de trafegar por diferentes modos de expressão, esta metodologia pode **comunicar-se com outras artes**. Na dança, pelo seu trabalho corporal e de movimento, no teatro, pela integração que pode ser feita entre o som e o texto, nas artes plásticas, pela utilização do desenho e de grafismos. Mesmo fora das artes, na fase de alfabetização, por exemplo, pode auxiliar no aprimoramento e no afinamento de gestos, preparando a criança para a escrita. Este **caráter interdisciplinar** lhe confere amplitude, podendo propiciar integração com diversas outras áreas.

Discografia sugerida

BAYLE, François. **Trois rêves d'oiseaux & Mimameta**. Paris: INA-GRM, 1997. 1 CD.

BERBERIAN, Cathy. **MagnifiCathy**: the many voices of Cathy Berberian. Piano e cembalo: Bruno Canino. Mainz: Wergo, 1988.

BERIO, Luciano. **Sequenza I-XIV for solo instruments**. Germany: Naxos, 2006.

LEJEUNE, Jacques. **Symphonie au bord d'un paysage**. France: Harmonia Mundi, 1981. 1 disco.

LIGETI, György. **Lux Aeterna**. Guy Reibel; Groupe Vocal de France. França: EMI, 1990.

_____. **Réquiem, Aventures, Nouvelles aventures**. Solistas: Gertie Charlent; Marie-Therèse Cahn; William Pearso; Internationales Kammerensemble Darmstadt; regência: Bruno Maderna. Mainz: Wergo, 1985. 1 CD.

LINDBERG, Magnus. **Action-Situation-Signification**. Toimii Ensemble; Swedish Radio Synphony Orchestra; regência: Esa-Pekka Salonen. Finlândia: F. Records, 1988.

MELLO, Chico. **Upitu**. Curitiba: [s.n.], 1987. 1 CD.

PÄRT, Arvo. **Tabula rasa**. Berlin Philharmonic Orchestra; Lithuanian Chamber Orchestra. München: ECM, 1984. 1 CD.

REICH, Steve. **Music for 18 musicians**. Solistas: Shem Guibbory; Gary Schal; David Van Tieghem; Ken Ishi; Bob Becker; Glen Velez; Elizabeth Arnold; Russ Hartenberg; Virgil Blackwell; Rebecca Armstrong; James Preiss; Richard Cohen; Nurit Tilles; Steve Chambers; Jay Clayton; Larry Karush; Steve Reich; Pamela Fraley. Hanover: PolyGram, 1978. 1 CD.

SCHAEFFER, Pierre. Études aux chemins de fer. In: _____. **L' oeuvre musicale**. Paris: INA-GRM. 1 CD. v. 1: Les incunables 1940-1950.

STOCKHAUSEN, Karlheinz. **Stimmung (singcircle version)**. Solistas: Suzanne Flowers; Penelope Wansley-Clark; Nancy Long; Rogers Covey-cruump; Paul Hillier; regência: Gregory Rose. Londres: Hyperion records, 1986. 1 CD.

SUYING, Zhang. **Centennial classics**: instrumental music. China: China Records Corporation, 2004. Faixa 9. v. 1: Bai Nian Chang Pian Min Zu Qi Yue Ming Jia Ming Qu Jing Dian Yi.

XENAKIS, Iannis. **Nomos Gama**. Orchestre Philarmonique de l'ORTF; regência: Charles Bruck. Paris: Erato, 1981. 1 Disco.

Referências

AGOSTI-GHERBAN, Cristina; RAPP-HESS, Christina. **L'enfants, le monde sonore et la musique**. Paris: Puf, 1986.

BARRAUD, Henry. **Para compreender as músicas de hoje**. São Paulo: Perspectiva, [S.d.].

BERBERIAN, Cathy. **Stripsody**. New York: C. F. Peters, 1966. 16 p. Solo voice.

BERIO, Luciano. **Sequenza III**. London: Universal Edition, 1968. 3 p. Per voce femminile.

BOSSEUR, Dominique; BOSSEUR, Jean-Yves. **Révolutions musicales**: la musique contemporaine depuis 1945. Paris: Minerve, 1986. (Collection Musique ouverte).

BRITO, Teça Alencar de. **Koellreutter educador**: o humano como objetivo da educação musical. São Paulo: Peirópolis, 2001.

CAMPOS, Augusto de. Prefácio. In. CAGE, John. **De segunda a um ano**. Tradução de Rogário Duprat. São Paulo: Hucitec, 1985.

DELALANDE, François. **La musique est un jeu d'enfant**. Paris: INA-GRM; Buchet Chastel, 1984.

FREGA, Ana Lucia. **Musica y educacion**: objetivos y metodologia. Buenos Aires: Daiam, 1972.

FULIN, Angélique. **L' enfant, la musique et l'école**. Paris: Nathan, 1977.

GAINZA, Violeta Hemsky de. **Estudos de psicopedagogia musical**. São Paulo: Summus, 1988.

_____. **La iniciacion musical del niño**. Buenos Aires: Ricordi Americana, 1964.

GARDNER, Howard. **Inteligências múltiplas**: a teoria na prática. Porto Alegre: Artes médicas, 1995.

GRIFFITHS, Paul. **A música moderna**. São Paulo: J. Zahar, 1987.

KOELLREUTTER, Hans Joachim. **Estética**: reflexão estética em torno das artes oriental e ocidental à procura de um mundo sem "vis-à-vis". São Paulo: Novas Metas, 1983.

_____. **Terminologia de uma nova estética**. Porto Alegre: Movimento, 1990.

LIGETI, György. Encarte. In: _____. **Réquiem, Aventures, Nouvelles aventures**. Solistas: Gertie Charlent, Marie-Therèse Cahn, William Pearso; Internationales Kammerensemble Darmstadt. Regência: Bruno Maderna. Mainz: Wergo, 1985. 1 CD.

MELLO, Chico. **Upitu**. Curitiba: [s.n.], 1987. 4 p. Para flauta solo. p. 1-2.

NESTROVSKI, Arthur. **Notas musicais**: do barroco ao jazz. São Paulo: Publifolha, 2000.

PAZ, Hermelinda. **Pedagogia musical brasileira**. Brasília: Musimed, 2000.

PAZ, Juan Carlos. **Introdução à musica de nosso tempo**. São Paulo: Duas Cidades, 1977.

PENNA, Maura. **Reavaliações e buscas em musicalização**. São Paulo: Loyola, 1990.

PERGAMO, Ana Maria Locatelli de. **La notation de la musica contemporanea**. 2. ed. Buenos Aires: Ricordi Americana, 1973.

REIBEL, Guy. **Jeux musicaux**: jeux vocaux. Paris: Salabert, 1984. v. 1.

RENARD, Claire. **Le geste musical**. Paris: Van de Velde, 1982. v. 1: Pédagogie pratique à l'école.

_____. **Le temps de l'espace**. Paris: Van de Velde, 1991.

RIVAIS, Yak. Verso da capa. In: LEJEUNE, Jacques. **Symphonie au bord d'un paysage**. France: Harmonia Mundi, 1981. 1 disco.

SADIE, Stanley (Ed.). **Dicionário Grove de música**: edição concisa. Tradução de Eduardo Francisco Alves. Rio de Janeiro: J. Zahar, 1994.

SCHAFER, Murray. **A afinação do mundo**: uma exploração pioneira [...]. Tradução de Marisa Trench Fonterrada. São Paulo: Ed. da Unesp, 2001.

_____. **El rinoceronte en el aula**. Buenos Aires: Ricordi Americana, 1984.

_____. **O ouvido pensant**e. São Paulo: Ed. da Unesp, 1991.

SIRON, Paul-Louis. **Aspects de la musique contemporaine**. Lausanne: L' Aire Musicale, 1981.

SOUZA, Jusamara (Org.). **Livros de música para a escola**: uma bibliografia comentada. Porto Alegre: Ed. da UFRGS, 1997.

STOCKHAUSEN, Karlheinz. Musique et graphisme (1959). **Musique en jeu**, Paris, n. 13: notations/graphismes, p. 94-104, nov. 1973.

STOÏANOWA, Iwanka. Musique, graphie, geste… **Musique en jeu**, Paris, n. 13: notations/graphismes, p. 105-114, nov. 1973.

WISNIK, Miguel. **O som e o sentido**: uma outra história das músicas. São Paulo: Círculo do Livro; Companhia das Letras, 1989.

ZAGONEL, Bernadete. Aspectos da música do século XX: novos conteúdos para a educação musical. In: ENCONTRO ANUAL DA ABEM, 5., 1996, Londrina. **Anais...** Londrina: Ed. da UEL, 1996.

ZAGONEL, Bernadete. **Descobrindo a música contemporânea**: arte contemporânea em questão. Joinville: Ed. da Univille/Instituto Schwanke, 2007.

_____. Do gesto ao musical: jogos e exercícios práticos para um ensino contemporâneo de música. **Série Fundamentos da Educação Musical**, Salvador, n. 4, p. 22-25, out. 1998.

_____. Em direção a um ensino contemporâneo de música. **Ictus**, Salvador, v. 1, p. 1-15, dez. 1999.

_____. Entrevista com Pierre Schaeffer. **Opus**: Revista da Anppom, Campinas, n. 11, dez. 2005. Disponível em: <http://www.anppom.com.br/opus/opus11/P_Entrevista_BernadeteZagonel.pdf>. Acesso em: 17 nov. 2009.

_____. **La formation musicale des enfants et la musique contemporaine**. 1994. 449 f. Thèse (Doctorat de musicologie) – Université de Paris IV, Sorbonne, Paris, 1994.

_____. Métodos ativos de educação musical. In: FONZAR, J. **Educação**: concepções e teorias. Curitiba: Ed. da UFPR, 1982.

_____. O ensino não tonal da música em conservatórios da região parisiense. In: ENCONTRO ANUAL DA ABEM, 4., Goiânia, 1995. **Anais...** Goiânia: Ed. da UFBA, 1995. p. 39-45.

_____. O grafismo na música de hoje. **Revista de Ciências Humanas**, Curitiba, n. 1, p. 145-156, 1992a.

_____. **O que é gesto musical**. São Paulo: Brasiliense, 1992b.

_____. **Pausa para ouvir música**. Curitiba: Instituto Memória, 2008.

_____. Um estudo sobre a Sequenza III, de Berio: para uma escuta consciente em sala de aula. **Revista da Abem**, Porto Alegre, n. 4, p. 37-51, set. 1997. Disponível em: <http://www.bernadetezagonel.com.br/pacademicas/sequenza.pdf>. Acesso em: 16 nov. 2009.

ZAGONEL, Bernadete; CHIAMULERA, Salete (Org.). **Introdução à estética e à composição musical contemporânea segundo H. J. Koellreutter**. Porto Alegre: Movimento, 1985.

ZAGONEL, Bernadete et al. **Musicalizando crianças**. São Paulo: Ática, 1989.

ZAMPRONHA, Edson. **Notação, representação e composição**: um novo paradigma da escritura musical. São Paulo: Annablume; Ed. da Fapesp, 2000.

Nota sobre a autora

Bernadete Zagonel é doutora em Música pela Universidade Sorbonne (Université de Paris IV) e mestre em Educação pela Universidade Federal do Paraná (UFPR). É também diplomada em Estudos Avançados em Música e Musicologia do Século XX pela Ecole des Hautes Études/Institut de Recherche et Coordination Acoustique/Musique (Ircam), Paris; em Estudos Avançados em Musicologia pela Sorbonne, Paris, e em Licenciatura em Música pela Escola de Música e Belas Artes do Paraná (Embap), na qual também cursou Piano.

Durante sua estada em Paris, dedicou-se à composição de música eletroacústica e frequentou estágios no Atelier des Enfants do Centro Georges Pompidou, no Groupe de Recherches Musicales (GRM), no Ircam, na Associação Orff e no Instituto Martenot.

Na UFPR, criou e implantou os cursos de Graduação em Música (Produção Sonora e Educação Musical); foi chefe do Departamento de Artes; coordenadora do curso de Educação Artística; presidente do Conselho de Curadores; membro do Conselho de Ensino, Pesquisa e Extensão (Cepe); professora titular de Educação Musical.

Foi também professora titular da Embap, atuando tanto no curso preparatório, para crianças, como na Licenciatura e Bacharelado em Música.

Foi membro da diretoria da Associação Nacional de Pesquisa e Pós-graduação em Música (Anppom) e do Conselho Editorial da Associação Brasileira de Educação Musical. Presidiu o IX Encontro Nacional da Associação Brasileira de Educação Musical (Abem) e o V Encontro Internacional de Computação e Música, na Pontifícia Universidade Católica (PUCPR). Foi pesquisadora do CNPq e professora visitante na Universidade Federal da Bahia, na qual atuou no Programa de Pós-Graduação em Música – mestrado e doutorado.

Atualmente é coordenadora e professora do curso de pós-graduação a distância em Metodologia do Ensino de Artes da Faculdade Internacional de Curitiba (Facinter) e professora dos cursos de pós-graduação em Artes e em Música do IBPEX.

Tem diversos artigos publicados em revistas científicas e os seguintes livros sobre música e educação musical: *Introdução à estética e à composição musical de Koellreutter*; *Musicalizando crianças*; *O que é o gesto musical*; *Arte na educação escolar*; *Pausa para ouvir música* e *Avaliação da aprendizagem em artes*.

Os papéis utilizados neste livro, certificados por instituições ambientais competentes, são recicláveis, provenientes de fontes renováveis e, portanto, um meio responsável e natural de informação e conhecimento.

Impressão: Reproset
Abril/2023